KB235071

그녀들의 멘탈 뷰티

세 상 모 든 여 자 들 의 워 너 비

그녀들의 멘탈 뷰티

도현영 지음

버튼북스

멘탈 뷰티란 무엇입니까?

멘탈 뷰티는 <u>인지하는 힘</u>을 이야기합니다.

BEAUTY

美

아름다움에 대해서는 아주 오랜 옛날부터

끊임없는 탐구가 이어졌습니다.

우리 모두는 결국 아름다운 사람이고 싶어 합니다.

아름다움에 대한 수많은 철학적 논의 중에

저의 마음을 사로집은 문구가 있었습니다.

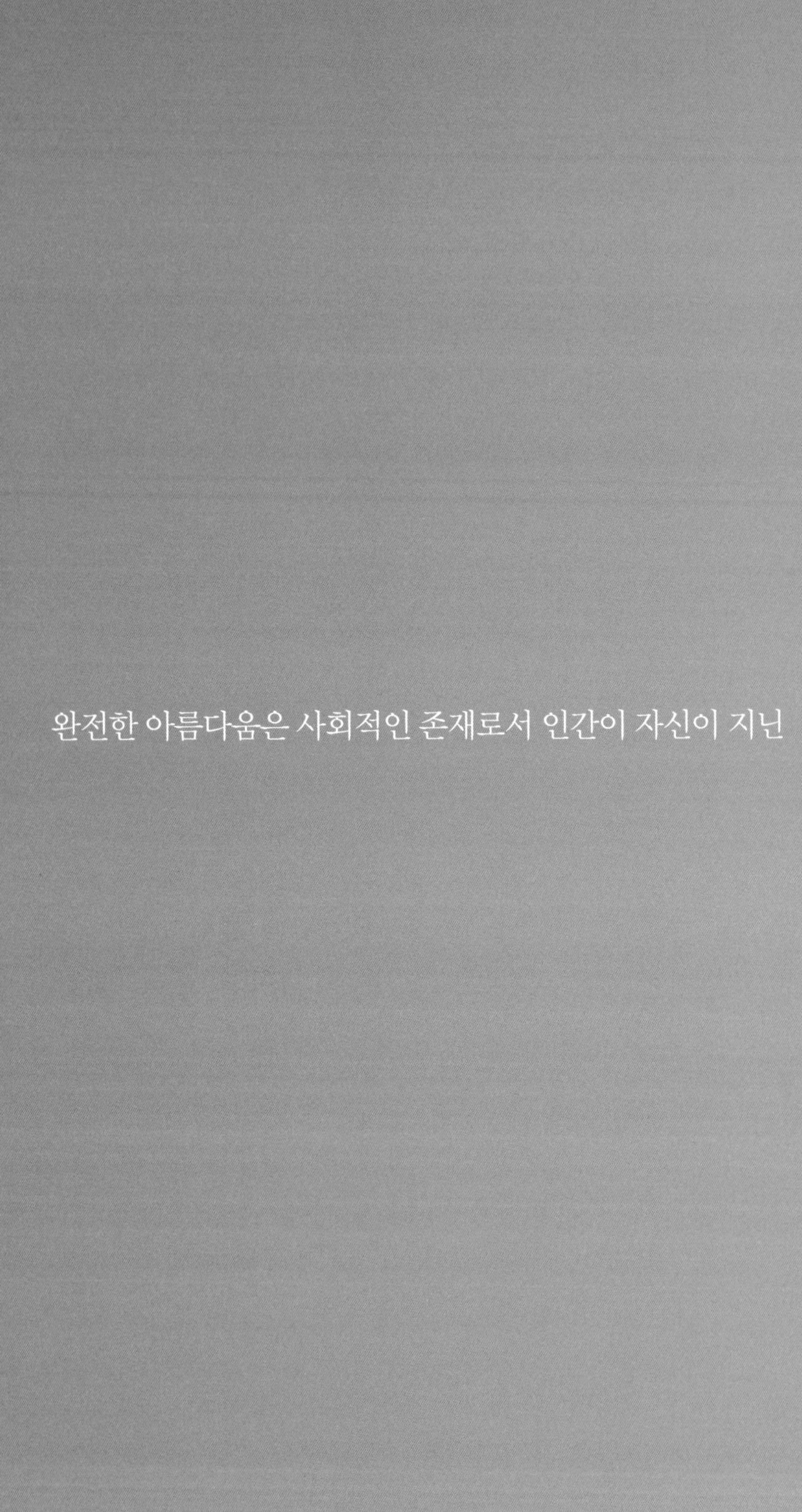

완전한 아름다움은 사회적인 존재로서 인간이 자신이 지닌

자유롭다는 것은 많은 노력을 의미합니다.
100년 전이나 지금이나 많은 제약이 있습니다.
환경과 같은 외부 요소뿐만 아니라
내적으로 일어나는 많은 갈등과 고민, 느낌과 욕구도
하나의 제약일 수 있습니다.

점점 사회 변화의 속도가 빨라지면서
우리에게 주어지는 역할과 책임이 많아질수록
우리는 스스로를 지키기 위한 보호본능이 작동하여
과거의 경험에서 현재를 판단하려고 합니다.

능력과 재능을 가장 자유롭게 실현할 때 발휘된다는 것입니다.

물론 과거의 경험은 현재와 미래에
더 나은 선택을 할 수 있는 기회를 만들어 주기도 하지만
많은 경우 시간의 흐름 안에서 성장한 내 자신을
인지하지 못한 채 과거의 경험으로 현재를 판단하고,
타인을 평가하고 나를 테두리 안에 가두고자 합니다.

그렇기에 멘탈 뷰티는 내가 가지고 있는 재능과 능력을
가장 자유롭게 실현시킬 수 있는 아름다움을 발휘하기
위해서 인지하는 힘을 이야기합니다.

판단과 평가 없이
온전히 마주하기.

내 안에서 일어나는
느낌과 욕구를
발견하기.

나와 타인을 수용하기.

멘탈 뷰티는 모든 이들이 가지고 있는 아름다움입니다.
하지만 의도적인 노력이 없으면
그 빛을 아무도 보지 못할 수 있습니다.

이 책은 내면의 아름다움이 온전히 빛을 발할 수 있도록,
능력과 재능을 가장 자유롭게 실현할 환경을
만들 수 있도록 돕고자 합니다.

시간이 흐를수록 나만의 색을 찾아가는 길.
혼탁함과는 거리가 먼 고유하고 청명한 색과
이미 가지고 있는 진짜 아름다움을 찾아가는 여정을
시작합니다.

내 삶의 원동력인 두 아이들과 가족에게

그리고

이 모든 것을 계획하신 하나님께 감사드립니다.

CONTENTS

그녀들의 멘탈 뷰티

PART 1

나를 만나는 길

나는
완벽한 여자이기를
포기했다

열 살 무렵 놀이공원에 갔다. 회전목마 앞에서 저글링하는 피에로의 손에 공이 하나둘 늘어나는 것이 무척 신기했다. 짧은 순간 피에로의 손 위에는 다섯 개의 공이 공중을 날아다녔다. 떨어뜨릴 듯 아슬아슬하게 그 공을 다 받아 내는 피에로에게 감탄을 했다. 삼십 대 중반을 넘긴 나는 피에로를 다시금 떠올린다. 지금 내 주위의 여자들을 보면 저글링하는 피에로와 같아 보인다.

눈 뜨면 공이 하나씩 늘어난다. 직장에서도, 가정에서도 내 삶의 공은 늘어난다. 결혼을 하면, 아이를 낳으면 그 공은 마구마구 늘어난다. 이 모든 것들을 '에라 모르겠다' 하고 다 던져버리고 싶을 때도 있다. 하지만 사람은 참 신기한 것이 여기에도 경험과 노하우가 쌓인다. 3년 차, 10년 차, 15년 차. 살아온 햇수에 따라 공중 위로 던지는 공의 높이나 실수로 공을 떨어뜨렸을 때의 대처법은 달라진다.

기술이 완벽해지는 것이 아니다. 실수에 대해 여유롭게 바라보고, 떨어진 공을 집어 들더라도 품위 있게 집으며, 미소로 웃고 넘길 수 있는 여유가 생긴다. 저글링에 능숙한 곡예사는 손동작에서, 관객과 공을 바라보는 눈빛에서, 그리고 상대에 게 건네는 말에서 충분한 에너지가 뿜어져 나온다.

그것은 완벽한 기술이 아니다.
우리는 질문을 달리해야 한다.
우리가 원하는 것은 이것이다. 행복해지는 법.

고난을 피하는 법도 물론 알게 된다면 좋겠지만 인생이 내 가 취하고 싶은 것만 취할 수 있던가. 내가 맞닥뜨리는 상황들 을 가능하면 지혜롭게 맞이하고 기다릴 줄 알아야 한다.

두렵다, 불안하다, 쓸쓸하다고 말할 수 있는 용기와
그것을 인정하되, 변화가 필요하다면
용기낼 수 있는 태도를 지니는 것.

우리는 외적인 상황을 선택할 수는 없다. 하지만 어떻게 반 응할지는 늘 택할 수 있다. 나는 노력한다. 그리고 관찰한다. 완벽함을 버리고, 충만한 나만의 아름다움을 갖기 위해.

나도 당신도
삶이 그렇다

앞으로 어떻게 해야 할지 모르겠어요. 계속 이 일을 할 수 있을지, 이 일을 한다고 해도 아주 신이 나진 않아요. 그냥 그럭저럭 생활을 가능하게 해 주니까…. 우리 가족들 내 수입이 없으면 당장 막막해지거든요. 그냥 답답해요.

사람이 어려워요. 사실 일이야 하면 돼요. 안되면 될 때까지 하면 돼요. 혼자 일하면 딱 잘할 수 있겠다는 생각도 들어요. 일이야 이제 웬만큼 익숙해졌는데 사람이 참 아직도 어려워요.

나 좋아하는 일 하겠다고 다 그만뒀는데 이게 잘될지 아직 확신이 안 서요. 안되면 어떡해요. 내가 잘되는지 보는 시선들도 많고, 특히 가족들이 너무 기대하는데…. 부담스러워서 내가 하고 있는 모든 것들이 다 잘한 선택인지 의심스러워요.

지금은 매우 안정적이죠. 아이들 키우면서 보람도 있고, 무엇보다 아이들이 잘 크고 있는 것 같아요. 스스로도 더 행복해하려고, 만족해하려고 노력해요. 그런데 문득, 나는 누구인가 싶어요. 나중에 어쩌지? 아이들 다 크고 나면, 아이들한테 서운한 감정이라도 들면, 아이들이 누가 자기 위해서 희생하라고 했냐고

반문하면…. 그때 몰려올 외로움은 어떻게 하지? 생각이 꼬리에 꼬리를 물어요.

뭔가 다시 시작하고 싶어요. 저 사실 꽤나 잘나갔던 여자거든요. 나의 리즈 시절이 그리워요. 참 괜찮은 사람이었는데…. 그런데 지금 잘할 수 있을까요?

오늘도 고민한다. 나는 꼭 한가지씩 놓쳐 버리는 어설픈 보통 여자들 중 한 명 같다.

각기 다른 고민 같지만 결국 하나의 질문이다.

'어떻게 하면 충만한 삶을 살 수 있을까?'

뭔가 맞지 않는다. 불균형스러운 내 삶이 두렵고, 내가 원하는 다른 인생을 위해서는 도전을 해야 하고 움직여야 한다. 하지만 두렵기도, 불편하기도 그리고 내심 귀찮기도 하다. 사실 그동안 그 방법을 잘 알고 있으면서도 '아, 귀찮아'를 연신 외치며 제자리에 있었던 적도 적지 않다. 아니 많다. 그러면서 온전한 나를 찾기 위해 오늘노 나는 균형을 찾아 헤맨나. 고민한다. 이 고민을 나눈다. 와인 한잔을 한다. 잠든다. 그리고 새날. 똑같은 하루가 시작한다.

언젠가 내 눈에 너무나 멋지게 사는 것처럼 보이는, 그러면서 여유를 잃지 않은 선배에게 질문을 했다.

"도대체 어떻게 하면 균형을 잡고 살아갈 수 있을까요?

그랬더니. 한참을 웃는다.

그러고는 "균형을 잡아서는 안 돼."라고 말한다.

"균형을 잡는 것이 아니라 그냥 내가 해야 할 일에 최선을 다하는 거야. 생각해 봐. 균형이 잡히는 순간. 안정적이지? 움직이지 않지? 그런데 그것도 잠깐이야. 그 상황을 버틸 수 있는 것도 너의 성향에 따라 달라진다고. 균형 잡힌 순간은 안정적이야. 하지만 얼마 안 가서 너는 지루해할 거야. 곧 새로운 것을 찾겠지. 불균형의 순간. 어디론가 움직일 수 있는 에너지가 있는 순간을 즐기고, 할 수 있는 만큼 최선을 다하겠다고 인정해."

나는 그런 여자였다. 불균형 상태를 사랑하면서도 균형을 외쳤다. 다들 균형 잡힌 삶을 원하니까. 나도 그래야 하는 줄 알았다. 그게 고난의 시작이다. 있는 그대로, 나는 불균형을 받아들이기 시작했다.

**완벽하길 포기한
진짜 나**

궁극의 사치. 황홀한 디저트 메뉴 수십 개가 적혀 있다. 낯선 나는 무엇을 선택해야 할지 모르겠다. 이 순간 최선의 선택을 하기 위해 집중한다. 나를 어리둥절하게 만드는 모든 메뉴들은 나를 불안하게 만들 정도다. 택한다. 주문한다. 기다리는 순간에도 다른 메뉴에 대한 약간의 아쉬움도 있지만 잘 골랐다며 안도한다. 그렇게 해서 그때까지 알지 못했던 맛을 발견하게 됐다. 수십 개 수백 개의 메뉴를 앞에 두고 고민하는 나. 나의 삶도 다르지 않다.

시간을 거꾸로 돌려 보면 많은 여성들은 정말이지 선택의 기회가 전혀 없었다. 자신에게 주어지는 것을 받아들일 뿐, 선택의 가능성은 그녀들의 인생을 바꿀 수 있는 절대적인 선물과도 같았다. 그런데 신기하게도 선택의 기회와 능력이 있으면 훨씬 나을 줄 알았는데 다른 문제가 생겼다. 만족에는 끝이 없어 상대적으로 비교하는 건 여전했다.

선택의 기회와 능력이 있음에도 끊임없이 만족하지 못한다는 것. 왜 자기가 가지고 있는 것에 만족하지 못할까? 왜 늘 비교하게 될까?

늘 잘하고 싶은 나. 주어진 기회에 최선을 다하고 싶고, 늘 잘하고 싶다. 스스로를 사랑하고 싶고 타인에게 사랑받고도 싶다. 내가 생각하고 꿈꾸는 상상 속 완벽한 여자처럼.

어느 순간 나도 모르게 완벽주의자 같은 욕심에 허우적거리기 시작한다.

이럴 때 특효약이 있다. 다 잘하고 싶은 내게 순간순간 올라오는 우울과 부정적인 감정을 대하는 특효약. 그것은 상황적 요구에 유연하게 반응할 수 있는 '자아 탄력성'이다.

사회에서 맡게 되는 여러 역할들, 그리고 스스로에게 바라

는 모습과 세상이 짊어지게 하는 무게감, 그것들을 잘 해내려
는 압박감. 내 주변의 수많은 이들, 특히 SNS 상에서 보여지
는 완벽한 여자들의 행복한 삶의 모습과의 비교. 나만 못하는
것 같고, 나만 부족한 것 같은 상대적인 박탈감에 허우적대며
우울해하는 경우가 많다.

남들 이야기가 아니다. 모든 것을 다 잘 해내려고 하는 완벽
주의자 성격을 지닌 여성들, 균형을 잡기 위해 애쓰는 여성들
이 우울증에 취약하다. 그런데 자아 탄력성이 완벽함을 추구
하는 여성들의 우울증을 감소시킨다는 연구 결과가 있다.

지금부터라도 어떤 상황이든 유연하게 반응하는 태도를 갖
는다면 피에로의 서커스처럼 자신의 손에 쥔 것들을 놓칠까
조마조마한, 그래서 쉬지 않고 움직여야 하는 수많은 공들로
부터 받는 스트레스보다 삶이 주는 즐거움 그 자체에 집중할
수 있을 것이다. 그래서 나는 완벽주의를 포기하기로 했다. 불
균형을 사랑하기로 했다.

우리가 살면서
이루고 싶은 환상 아닌 환상.
아름다운 사람이 되는 것.
나는 그 환상을 이루기 위해
불균형을 사랑하며
완벽주의를 포기하기로 했다.

© Chang Yeong Min

1

나의 고통까지도
감 싸 안 는 다 는 건

Frida Kahlo

프리다 칼로

I paint mys
I am so ofte
because I a
I kno

프리다 칼로 Frida Kahlo

남미를 대표하는 멕시코 화가. 마흔일곱의 나이에 세상을 마감하기까지 고통을 예술로 승화시킨 위대한 작가. 프리다 칼로는 말했다. "내 그림들은 고통에 관한 이야기를 담고 있다. 적어도 몇 사람은 이 부분에 관심을 가져 주리라 생각한다. 혁명적인 것은 아니다. 왜 내 그림이 호전적이기를 기대하는가? 나는 그럴 수 없다. 그림이 내 삶을 완성했다. 나는 세 명의 아이를 잃었고, 내 끔찍한 삶을 채워 줄 다른 것들도 많이 잃었다. 내 그림이 내 모든 것을 대신해 주었다."

If because
alone and
the subject
best.

나는 나 자신을 그린다.
그것은 내가 가장 잘 아는 주제이기 때문이다.

나, 프리다 칼로를 만나다

비가 많이 내리는 여름날, 프리다 칼로의 한국 전시를 보러 갔다. 프리다는 늘 내게 아픈 존재다. 역시나 가슴 저 밑바닥이 아리다. 교통사고 이후 그녀가 감당해야 했던 고통. 무심하고 무례한 한 남자의 연인으로서, 아내로서, 여자로서 평탄한 삶을 살 수 없었던 그녀. 그런 그녀의 삶이 내 마음에 오버랩되었기 때문에 작품 속 프리다의 무표정이 견디기 어려웠던 것일까?

우리는 늘 계획하고 대비하지만 그 안에는 결코 진짜 최악은 없다. 아침에 눈을 떠 기도를 하고 평안한 하루를 기대하지만 전제는 '최악은 나에게 일어나지 않는다'라는 믿음이다.

프리다에게 일어난 일들은 너무나 삽삭스러웠다. 그리고 악몽과 같은 일들이 계속해서 이어졌다.

프리다의 사고, 이별, 사건, 슬픔, 아픔은 우리가 만날 수 있는 삶의 '단절'과 다르지 않다. 어찌할 수 없었던 '단절'은 그전처럼 나를 돌려 줄 수 없다. 이전과 같은 방식으로 현재를 살 수 없고, 이전과 같은 방식으로 미래를 생각하게 될 수 없다. 계획하지 않은 것들로 인해 우린 그전과 확연히 달라졌다.

"심각한 질병은 그 질병에 걸린 사람의 인생을 안내해 오던 '목적지와 지도'를 잃게 만든다. 아픈 사람들은 '다른 방식으로 생각하기'를 배워야만 한다."

의료사회학자 아서 프랭크(Arthur W. Frank)의 이야기처럼 나에게 일어난 모든 일에 적응할 수 있도록 몸과 시간, 내 인생은 재편되어야 한다.

프리다 칼로처럼
나도 나를
받아들이고 싶다

프리다는 그리고 또 그렸다. 자신의 인생을 재편하기 위해 그녀가 선택한 방식이다. 그림을 통해서 자신의 상처를 보듬고, 때로는 이해할 수 없었던 자신의 상황에 화를 내기도 했다. 토닥거렸다. 그녀는 그렇게 자신의 방식으로 스스로를 알아 가는 시간을 이겨 냈다.

그녀의 작품을 보고 있으면 유독 짙은 눈썹이 기억에 남는다. 실제 눈썹보다 훨씬 더 과장되어 있고, 표정 역시 아주 차갑다. 살아 생전 카메라에 남겨진 모습은 부드러운 미소를 띠기도, 사람들과 어울려 호탕하게 웃고 있기도 하다. 하지만 그녀가 그린 자화상의 얼굴 표정은 고고하고 강하다.

차가운 표정과 함께 시선도 정면을 응시하고 있다. 얼굴의 방향이 정면을 향하든 옆으로 향하든 거의 예외가 없다. 자신에게 일어난 예측할 수 없었던 엄청난 사고를 받아들여야 하는 상황에서 자신의 마음속 고통과 슬픔, 분노와 좌절을 받아들여야만 한다는 의지가 아니었을까? 강제적인 성찰의 계기

는 시간이 '관리'와 '자원'의 의미를 넘어 단지 '사는 것'의 의미
로 남게 했다.

내게 어떤 일이 발생해도 그것을 온전하게 받아들일 용기.
내 안에서 일어나고 있는 일들과
내가 누구인지에 대한 모든 사실을 있는 그대로 인정하기.

인정.
그 자리에 존재하도록 허용하는 것.
숨기거나 부정하는 것이 아닌
있는 그대로 바라보는 것.

나에게 일어난 것들을
꼭 좋아할 필요도
싫어할 필요도 없다.
설득할 필요도 없다.
내 자신을
온전히 받아들이는 시간만이 필요하다.
프리다처럼.

그녀의 그림에서 나는 나를 보았다. 멕시코 뜨거운 태양과
멕시코를 대표하는 화가 디에고 리베라를 뜨겁게 사랑했던 프

리다. 자신을 태우는 사랑은 사막의 낮과 밤 같다. 사랑하는 이가 있어 행복하기도, 그 행복이 찬란한 슬픔과 견디기 힘든 외로움을 주기도 한다.

거울은 그녀에게 특별한 물건이다. 사고 이후 프리다는 침대에 오랫동안 누워 있었다. 그녀의 어머니는 침대 위에 큰 거울을 달아주었다. 자신이 평생 그리게 될 모델을 만나는 순간이었다.

그녀를 상징하는 짙은 눈썹. 자화상을 그릴 때 유독 짙어졌던 그녀의 눈썹. 강인하게 견뎌 내리라는 그녀의 의지가 담겨 있다. 완전한 회복이 아닌 견딜 만큼의 회복을 바랐던 그녀. 홀로 이겨 내는 방법을 그림에서 찾았던 아름다운 그녀.

요즘 다들
어떻게
지냈어?

"요즘 어떻게 지냈어?"
"정신없이 지내죠.
시간이 어떻게 가는지도 모르겠어요."

정신없이 지낸다는 대답을 수년째 듣고 있다. 직장 생활 12년 차, 그녀의 생활이 훤히 보인다. 얼마나 정신없이 사는지를…. 정말 바쁘다. 시간이 없다. 더욱이 연차가 더해질수록 회사에서 바라는 책임이 많아지면서 스스로 감당해야 할 것들이 압박으로 다가온다. 그녀가 결혼을 한 후로, 아이를 낳은 후로는 매일 밤 무사히 이불 속에 들어가는 것이 어찌나 감사한지 모른다. 오늘도 고민한다. 무엇을 선택해야 할지, 바쁠수록 마음속 공허함은 점점 더 커져간다. 밤에 글을 쓰거나 생각하지 말라는 엄마의 조언에 따를 걸…. 생각할수록 나는 점점 작아지고 지금 당장의 현실에서 조금이라도 벗어나면 뒤쳐질 것 같아 걱정된다.

그녀만, 나만 그런 것이 아닌가 보다.

서점에 가면 어찌나 그렇게 힘든 사람들이 많은지. 자존감이라는 단어가 들어간 제목의 책들이 쏟아지고, 마음과 감정을 컨트롤하는 책들, 심리학. 우울증. 명상 등 너무나 많은 책들이 우리에게 필요한 것들을 친절하게도 알려 준다. 자기 계발서에서도, 경영 경제서에서도, 여행서에서도 힘들어하는 사람들을 다독이고 토닥여 준다. 지칠 대로 지친 누군가가 모든 것을 다 놓아 버리고 세계 여행을 떠났다. 그래도 괜찮다고 지금 당장 가라고 이야기한다.

또 킨포크, 덴마크의 휘게(hygge) 라이프 같은 유럽인들의 삶의 방식을 담은 책들은 사진만으로도 감탄사를 자아내게 하지만 금세 내 삶으로 돌아온다. 부럽지만, 그렇게 살고 싶지만, 나의 일상은 나를 그렇게 살도록 허락하지 않는다. 짧은 시간에 수많은 꿈을 꾸게 한다. 고개를 떨구고 나면 동떨어진 현실이다.

북유럽의 오젓한 호수를 둘러싸고 있는 동네, 고즈넉한 언덕. 어스름지는 광활한 숲에서의 산책이 일상처럼 보이는 이미지에 혹 하고 그곳에 가고 싶다고 생각한다.

하지만 다시 생각한다. 제주도가, 포틀랜드가, 덴마크가 나의 일상이라면 지금보다 더 행복할까. 한때는 그랬다. 제주도에 내려가 사는 이들을 부러워하며 내 손안에 쥐고 있던 것들을 내려놓지 못하는 내 자신이 한심스러울 때도 있었다. 그런데 정신차리고 보니 호젓하고 심플한 라이프도 동경하지만 때론 뉴욕과 홍콩의 정신없음과 다이나믹함을 엄청나게 사랑하는 나다. 대대로 내려오는 할머니의 오래된 낡은 시계를 무엇보다 아끼고 소중하게 간직하지만 내가 좋아하는 브랜드의 신제품이 나왔다고 하면 갖고 싶은 것도 사실이다.

수많은 욕구와 감정이 교차하면서 느끼는 것은 내가 휘게나 킨포크 라이프에서, 수많은 심리학 서적들을 통해서 얻고자 했던 것은 '나다움'이었다는 것. 의도적으로 쉼표를 찍을 수 있는 의지와 용기가 있고, 어떤 환경에 놓여 있어도 '평안과 여유'를 찾을 수 있는 삶을 원했다. 뉴욕 타임스퀘어의 수많은 인파에 둘러싸여 있더라도 분주하지 않고 멀리 내다볼 수 있는 여유와 통찰력 있는 삶이고 싶다.

타고르의 〈기탄잘리〉의 한 대목, '저의 기쁨과 슬픔을 수월하게 견딜 수 있는 그 힘을 저에게 주시옵소서'라는 짧고 감명 깊은 기도처럼 내면의 힘이 더해지기를 간절히 바라 본다.

지금이라는 시간이
당신이 가진 모든 것

나중에 뭐하고 싶어?

커서 뭐가 되고 싶니?

어릴 적부터 수없이 들은 말.

꿈이 있어야 한다.

하고 싶은 것이 있어야 한다고 했다.

그래서 누구나 삶의 목표가 있어야 하는 건가 보다, 했었다.

하지만 지금 생각해 보면 누군가로부터 강요받은 그 꿈이라는 건 그때, 없어도 됐다. 우리는 비교적 오래 살 거라서, 십 대에 혹은 이십 대 초반에 확고한 자신의 꿈을 반드시 가지지 않아도 되었던 거다. 길게 생각하고 더 천천히 가도 되는데, 그 질문은 강요였다. 늘 삶의 중심이 '미래'였다.

우리의 삶을 상징하는 것 중 하나는 속도다. 얼마나 빠르게 성과를 내는지, 어떻게 하면 가장 효율적으로 사는 것인지, 시간은 현대인의 삶을 평가하는 기준이 된다. 이렇게 빠르게 달려가는데 한편에서는 삶의 속도를 늦추라고 한다. 현재에 집중하라고 한다. 여기저기에서 들린다. 매우 필요한 말이지만 사회 분위기는 너무나 빨리 변화하기에 현재에 집중하는 것은 아직도 몸 따로, 머리 따로이다. 그래서 우리에게는 '의도적인 노력'이 필요하다.

- ☑ 내가 무엇에 자극을 받고 움직이게 되는지 내 자신에 게 예민할 것.
- ☑ 일상 속 작지만 깊은 환기의 순간을 발견할 것.
- ☑ 풋풋함과 싱그러움의 청춘 위에 이어지는 나이듦에 순응할 것.
- ☑ 살면서 겪는 슬픔과 기쁨을 수월하게 견뎌 낼 수 있는 힘을 키울 것.

I hope
the leaving is joyful
and I hope
never to return.

행복하게 떠날 수 있길.
그리고 다시 돌아오지 않길.

FRIDA KAHLO

나에게 발생하는 일을 온전하게 받아들일 용기를 가질 것.
지금에 집중할 것.

2

진짜
사랑을 찾아서

DIANA SPENCER

다이애나 스펜서

다이애나 스펜서 Diana Spencer

1981년 영국의 왕세자비가 된 다이애나. 신데렐라 동화와 같았
던 그녀의 결혼은 아쉽게도 불행의 시작이었다. 신데렐라 스
토리의 주인공에서 이혼 후 당당하게 자신이 할 수 있는 일과
진짜 사랑을 찾아가던 다이애나를 대중들은 사랑했지만 이혼
일 년 후, 불의의 교통사고로 세상을 떠났다.

I just want someone to be there for me, to make me feel safe and secure.

나는 나를 안심시키고 돌봐 줄
누군가만 필요해요.

**영원히 사랑받을
클래식**

지금 나는 봄을 기다리고 있다.

날씨는 아직 쌀쌀하지만 마음은 싱숭생숭하다. 오랜만에 민트색의 엄지발톱이 빼꼼히 내보이는 샌들에 사각거리는 풍성한 스커트를 차려입고 싶고, 다 늘어진 티셔츠에 검정 라이드 재킷 하나만 툭 가볍게 걸치고 걷고 싶다.

그렇게 부푼 마음을 가지고 옷장을 열었다.

그런데 대체 작년에 무엇을 입고 다녔길래 이렇게 옷이 없는지…. 여자라면 누구나 공감할 것이다. 돌아오는 계절마다 드는 생각이라는 걸. 올해만 그런 것이 아니다. 매년 나는 같은 이야기를 하고 있다. 그렇기에 삼십 대 중반부터는 클래식한, 십 년이 지나도 입을 수 있는 옷들을 일 년에 한 벌을 사더라도 제대로 사게 된다.

아무리 그래도…. 클래식함을 사랑한다고 하더라도 시즌별 핫하게 진행이 되는, 소위 말하는 유행의 한가운데 있는 제품들은 충분히 매력적이다. 새로운 것에 대한 갈망과 동경, 변화를 찾는 사람의 욕구는 패션뿐만이 아니라 인테리어, 음식 등 라이프스타일의 모든 것에 유행을 만든다. 더 빠른 변화와 자극은 설렘을 준다.

그런데 문득 궁금했다. 지금 유행하고 있는 이 옷들을 내년에도 입을까? 유행은 패션뿐 아니라 교육 ,음식, 문화 등 우리 생활 전반에 걸쳐 존재한다. 그렇기에 유행은 모든 분야에서 신선한 자극과 동시에 불안감을 준다. 잠시라도 숨을 고르다가 따라잡지 못하면 어쩌지 하는 두려움도 있다. 그렇기에 그 안에는 사회적으로 뒤처지면 안된다는, 내게 가해지는 보이지 않는 강제적인 힘도 포함이 되어 있다. 그렇게 무리 안에서 달려가고 있다.

그럴 때마다 우리는 숨을 돌리기 위해 클래식한 그녀들의 스타일을 찾는다. 변함없이 우리 곁에서 변치 않는 아름다움을 유지하고 있는 몇몇 패션 리더들의 흑백 사진이 지금 더 많은 위안이 되는 이유이다.

보이지 않는 강제적인 힘.
내가 한번도 뒤집어 보지 않았던
당연스러움이
문득 어색해지기 시작했다.

시대를 풍미한 패션 리더

클래식한 패션 스타일에 늘 등장하는 그녀.

왕세자비, 왕자의 어머니, 그리고 세계에서 가장 유명한 이혼녀.

어쨌거나 영국 왕실의 아이콘인 다이애나 스펜서.

짧은 헤어스타일, 단정한 투피스, 우아한 모자, 액세서리, 장갑, 구두 등 그녀를 두고 많은 이야기가 있지만 특히 스타일에 대해서는 지금까지도 많은 여성들이 좋아하는 한 시대를 이끈 패션 리더였다.

남편이 왕세자이기에 자연스럽게 얻게 되는 사회에서의 역할, 왕세자비.

힐러리 클린턴이 '퍼스트 레이디라는 것은 일이 아니라 역할이다.'라고 말한 것처럼 다이애나는 왕세자비로서 공식적이면서 정치적인 그리고 자신이 세상에 끼칠 수 있는 정책적인 역할까지 생각해야 하는 왕실의 얼굴이었고, 영국을 대표하는 상징이었다. 다이애나는 외로웠다. 힘들었다. 왕실의 얼굴이라는 이유로 국민들 앞에서 늘 웃으며 연기해야 했다. 자신은 왕세자와 카밀라 파커볼스와 셋이 결혼한 셈이었다고 인터뷰를 한 다이애나 스펜서. 그렇게 그녀는 자신을 힘들게 한 남자와 헤어지겠다는 과감한 결정을 한다. 그들의 이혼은 전세계를 떠들썩하게 만들었다. 아무것도 모르는 순진한 여성, '신데렐라'의 모습에서 당당히 자신의 진짜 사랑을 찾아 떠나는 여성으로의 변화를 지켜봤던 이들은 그녀를 진심으로 응원했다. 그리고 일 년 후의 갑작스러운 사고는 충격적이었다.

다이애나가 찰스 왕세자와 이혼 후 갑작스러운 사고로 세상을 떠나기까지 일 년.
그녀는 자신의 친구와 통화해서 말했다.

'천국 같아.'

서른여섯이 되어서야 숨을 쉴 수 있게 됐다는 그녀. 이제야 천국 같다고 하는데 사랑하는 아들들과 인사할 겨를도 없이 이별을 하게 됐다.

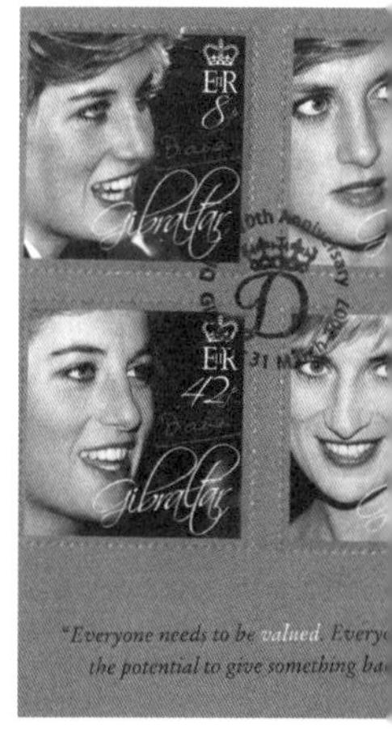

역할에 충실해야 했던 시간이 아닌
그녀 자체로 '산' 시간이었던 짧은 일 년이었다.

미처 보이지 않았던
보고 싶지 않았던 진실

결혼 당시 갓 스무 살이었던 다이애나는 공주가 되는 부푼 꿈에 현실을 파악하기 힘들었다. '다이애나 연대기(The Diana Chronicles)'의 저자 티나 브라운은 그 당시 다이애나의 결혼에 대해 이렇게 분석했다.

"레이디 다이애나 스펜서는 엄격하지 않은 학교에서 합당한 남편을 찾는 일 외에 다른 아무런 자격도 갖추지 못한 채 교육을 마친 영국의 특권층 처녀들의 마지막 세대 출신이다…. 상류층 처녀들이 1970년대의 다이애나처럼 삶에 있어 방향성을 갖지 못한 것은 이제 더 이상 근사한 일이 못된다."

그 당시 남편을 잘 만나는 것이 유일한 성공의 방식이라 생각했던 다이애나는 기대에 부풀어 찰스 왕세사를 둘러싼 소문은 듣지 않았다. 알았다 하더라도 결혼만 하면 괜찮을 거라 생각했다. 두 사람의 전혀 다른 취향도 문제가 되지 않았다.

사람들과 어울리고 이야기 나누기를 좋아했던 다이애나.
혼자 있는 시간이 더 편하고 사색에 잠기길 좋아했던 찰스.
그리고 그의 연인 카밀라 파커볼스.

그 결과로 얻은 15년이라는 인생의 무게는 생각보다 무거웠다. 그렇기에 이혼 후 일 년은 가장 행복했다고 말한다. 비록 왕세자비의 지위를 잃었다 해도 봉사활동을 통해 쌓은 그녀의 세계적 명성은 사라지지 않았다. 왕실의 무게감을 던져버리고 사랑도 자유롭게, 자신의 행보도 자신 있게 결정해 갔다. 에이즈 환자들을 돕고 대인지뢰반대 운동으로 자신이 가지고 있는 영향력으로 세상을 바꾸는 데 결정적 역할을 했다.

그리고 이제는 누가 뭐라고 하든 떳떳한 사랑도 할 수 있게 되었다. 그제서야 그녀는 하루아침에 '신데렐라'를 꿈꿨던 순진한 다이애나에서 자신의 삶을 스스로 결정하고 당당하게 사랑하는 다이애나스러운 삶을 살게 됐다. 그녀의 변화를 지켜봤던 대중들은 그녀에게 응원의 박수를 보냈다.

그렇기에 그녀와의 갑작스러운 이별은 더욱 더 많은 슬픔을 자아낼 수밖에 없다.

갑작스러운 소식에 나 역시 꽤나 충격적이었다. 내 기억 속 가장 선명하게 남아 있는 그녀의 모습은 급작스러웠던 죽음이었던 만큼 슬프기도 하지만 여전히 아름답다.

나는 기억한다. 그녀의 풍성하고 흰 드레스를. 자락이 7미터나 되는 아이보리색 실크 웨딩드레스를 입고 마차에서 수줍게 내려 섰다. 그녀는 젊고 청순하고 아름다웠다. 군중들은 현실에 나타난 동화 속 주인공을 향해 환호성을 질렀다.

세계에서 가장 유명한 이혼녀. 그녀를 수식하는 말 가운데 어쩌면 조금은 가슴 아프기도 하지만 신데렐라를 꿈꾸던 그녀가 당당한 여자로 변화해 가는 모습에 대중들은 환호했다. 물론 그녀의 사랑에 대해서는 많은 말들이 있었지만 사람들은 그녀의 솔직함에 더 많은 박수를 보냈다.

그리고 그녀의 가장 소중한 두 아들. 얼마나 보고 싶었을까. 얼마나 많이 그리웠을까. 같은 엄마된 입장으로 그 마음을 감히 말로 다 표현하지 못하리라.

당연하지만
당연하지 않은 것들

어느 여름날 테헤란로를 산책한 적이 있다. 고개를 뒤로 한참 꺾어야 할 정도로 대로변에 높게 늘어선 빌딩들이 마음을 어지럽혔다. 그 복잡한 강남 한복판에서 매일 아침 사람들이 오가며 찾으려는 게 무엇일까 궁금했다. 그리고는 문득 발길을 멈추었다. 한참을 머물러 있었다. 내가 매일 운전을 하고 다니며 늦을까봐 조바심 냈던 그 시간에도 하늘의 구름은 흘러가고, 바람은 불고 있었다. 한 순간도 똑같은 적이 없는데 나는 나를 둘러싼 자연의 아름다움을 보지 못하고, 중요한 것들을 스쳐 보냈다.

매일 같은 장소, 같은 시각의 자신이라 생각하는 삶 속에서 우리는 강렬한 일탈의 욕구를 느낀다.

그러면서 어쩔 수 없다고 단념하며.
나에게 던져진 말 없는 강요 아닌 강요와
당연하지 않은 당연함을 당연하게 여긴다.

1970년대 마지막 영국의 특권층 여성들은 많은 경우 '나의 운명은 남편에게 달려 있다'고 생각했다. 그와 달리 지금 우리 사회는, 그리고 많은 여성들은 '원더우먼, 슈퍼맘, 발전하지 않으면 뒤쳐진다는 불안감, 시테크, 시간은 금이다…'와 같이 내 스스로를 들여다보기보다는 나를 내가 그린 인생의 모습을 완성하는 도구로 여긴다. 그럴수록 우리는 더욱 쉽게 공허해지고 불안해하며 방향을 잡지 못한 채 흔들린다.

지금 우리가 느끼는 공허한 불안감은 내 진짜 인생을 살고 싶다는, 내가 내 삶의 주체가 되고 싶다는 강력한 욕구와도 같다. 다이애나가 그렇게 바랐던 진실된 사랑은 자기 자신을 찾고 싶은 강렬한 욕구와 같았을 것이다.

후회라는 감정
하지만
후회해도 괜찮아

불을 끄고 누웠다. 그때부터다. 내 머릿속은 시끄러워진다.

아침에 신고 나간 신발부터 시작이다. 친구들과 같이 찍은 사진 속 내 모습이 영 아니다. 맨 아래 신은 신발은 내가 생각했던 느낌이 아니다. 숨기고 싶은 스타일이었다. 분명 어울리지 않는다. 아, 왜 그랬을까? 약간 때가 탄 골든구스 스니커즈가 훨씬 잘 어울렸을 것 같은데….

가만, 그게 중요한 게 아니다.

같이 일한 지 얼마 되지 않은 친구에게 명확하지 않은 작업 지시사항을 줬다. 일에 있어서는 늘 '명확하게! 간결하게!'를

외쳤건만…. 나의 부족한 설명으로 시간만 버린 셈이 됐다. 왜 그랬을까? 왜 그렇게 구체적이지 못한 설명을 했을까?

아침 출근 길, 조잘조잘 자기 얘기를 하던 첫째의 말을 귀담 아 듣지 않은 퉁명스러운 엄마의 모습을 후회하고, 그로 인해 지금도 잠들지 못하여 고민하는 나를 또 후회한다.

후회가 많아지는 순간에 대한
짧은 변명과 위로

나는 인정한다. 나는 쿨하지 못하다. 남들의 잘못에 대해서 는 세상 넓은 마음으로 이해한다고 하더라도 내 자신의 실수 에 대해서는 어김없이 되새긴다. 일상 속 미묘하고 작은 일들, 후회하고 있는 그 순간에 내가 반대의 선택을 했더라도 사실 결과에는 큰 변화가 없다면 괜찮다. 하지만 인생의 결정적 순 간에 했던 선택을 후회하는 순간 그 파장은 커진다. 회색 먹구 름이 몰려오는 것처럼 머릿속에서 계속 맴돈다. 한바탕 요란 스럽게 장대비가 억수로 내린 후에야 개일 것 같은 느낌이다. 더군다나 내가 의심하지 않았던 당연함에 대한 후회가 드는 순간, 큰일이다.

그런데 후회에도 긍정적인 기능이 있다. 후회하는 빈도가 높을수록 긍정정인 정서를 가질 확률이 높다는 연구 결과가 있다. 후회되는 상황을 떠올리더라도 더 좋지 않은 결과를 떠

올려 위로하는 경우, 그리고 되풀이 하지 않도록 미래를 준비하는 기능이다.

어릴수록 후회를 수정할 기회가 많아 미래를 준비하는 원동력이 된다. 후회 자체보다는 후회를 어떻게 대응하느냐가 중요하다는 말이다. 후회되는 순간의 에너지는 나를 내가 원하는 방향으로 더 빨리 이끌 수도, 우울에 빠트릴 수도 있다.

'오늘을 잡아라(Seize the day)'라는 말처럼, 후회는 사람들에게 같은 실수를 반복하지 않도록 현재 가진 기회를 놓치지 말라고 경고해 주는 기특한 감정이다. 두 손에 쥐어진 공들을 다 떨어트리기 전에.

후회되는 순간 잘 대처하는 법

5분 동안 열심히 후회한다. 후회를 해서 변화시킬 수 있는 것과 없는 것을 구분한다.

그리고 후회한다고 해서 변화시킬 수 있는 것이 없다면 기분 전환을 위해 의도적인 행동을 한다.

아래 세 가지 방법을 적용한다.

1. 그럴 수 있어 : 다이어트 중인데 평소보다 많이 먹었다면, 우선 5분간 열심히 후회를 한다. 이미 되돌릴 수 없는 일임을 안다.
2. 그래도 한 가지는 잘한 것이 있잖아 : 친구들과 즐거운 시간을 보냈음을 기억한다.
3. 변화가 필요하다면 (매우 구체적인 말이나 행동)한번 노력해 보는 거야 : 집에 가는 길 두 정거장을 먼저 내려 걸어간다.

3

나를 읽는다

VIRGINIA WOOLF

버지니아 울프

버지니아 울프 Virginia Woolf
공식학력이 '무학'인 그녀가 작가의 길을 갈 수 있었던 것은 '블룸즈버리 클럽'의 덕이 컸다. 〈출항〉(1915)을 시작으로 〈밤과 낮〉(1919), 〈제이콥의 방〉(1922)을 연이어 발표하며 소설가로 이름을 알렸다. 특히 케임브리지 대학 뉴넘 칼리지에서의 강연을 토대로 한 에세이 〈자기만의 방〉(1929)은 큰 반향을 불러일으키기도 했다.

I will not be 'famous', 'great'. I will go on **adventuring, changing, opening my mind and my eyes,** refusing to be stamped and stereotyped. The thing is to free one's self: to let it find its dimensions, not be impeded.

나는 유명하거나 위대해지려는 것이 아니다.
나는 그저 계속해서 모험을 하고 변화하려고 하며 열린 마음과 눈으로
바라보려고 한다. 정형화되거나 규격화되는 것을 거부하려는 채.
이것들은 내 자아를 자유롭게 만든다.
더 이상 지체시키지 말고 스스로만의 관점을 찾는 것이다.

감정이라는 것
그리고
오늘따라 우울한

아침에는 비가 내렸다. 그래서 늦은 오후 아이들을 데리고 산책에 나섰다. 그네가 있는 놀이터에서 멈췄다. 첫째는 그네를 타고 있는 힘껏 노를 젓듯 다리를 굽었다 편다. 타고 싶지만 겁이 많은 둘째는 내 품에 안겨 누나를 부러운 듯 바라본다. 그리고 나는 생각한다. '오늘 밤에는 잘 자겠군.' 유독 모든 게 평화로운 토요일 오후, 행복하다. 그리고 괜히 설렌다. 아이들이 잠들면 뭐할까?

밤이 됐다. 버지니아 울프의 책을 집어 들었다. 얼마 전, 한 브랜드에서 버지니아 울프의 지적 욕구를 채워 준 블룸즈버리 모임에서 영감을 얻어 진행한 행사가 떠올랐다. 다시금 그녀의 책에 집중했다. 역시나 읽기 힘들다. 읽고 싶어도 한번 흐름을 놓치면 쉽사리 따라잡기 힘들기 때문에 볕 좋은 날, 혹은 추적추적 비 내리는 날 하루를 몽땅 비워 두고 읽어야 한다.

버지니아 울프를 떠올리면 우울한 표정이 가장 먼저 생각난다. 그렇기에 나도 그녀의 얼굴과 작품을 보고 있으면 괜히 우울해질까봐 걱정이 되었다. 오랜만의 휴일을 그녀 때문에 망치면 어떻게 할까 하는…. 하지만 그럼에도 불구하고 그녀의 책은 나에게 꼭 필요하다. 그녀가 퉁명스럽게 던지는 인생 질문들은 도통 단번에 답이 나올 수가 없지만 꼭 한 번쯤 생각해 봐야 하는 것들이다.

> 램지 씨가 다가갔다가 물러나고 램지 부인이 제임스와 창가에 앉아 있고 구름이 흘러가고 나뭇가지가 휘는 것을 보면서 릴리는, 삶이란 사람들이 제각기 겪는 사소한 사건들로 이루어졌지만, 물결과 더불어 사람을 들어 올렸다가 해안에 부딪혀 함께 내던지는 파도처럼, 소용돌이친 그 사건들이 전체를 이룬다는 것 또한 느꼈다.
>
> — 등대로

길다. 집중이 필요하다. 버지니아 울프는 늘 나의 집중을 요구한다.

울프의 대표작 〈등대로〉. 등대를 향해 가려고 하는 가족의 이야기다. 버지니아 울프의 책을 읽기 힘들었던 이유인 그녀의 서술 방법에 이렇게 공감하게 될 줄이야(물론 시간이 한참 걸렸다). 주인공이 되었다가 관찰자가 되었다가 사건의 흐름과는 무관하게 의식의 흐름에 따라 서술하는 그녀의 문체는 감정을 다루는 완전히 새로운 방식이다.

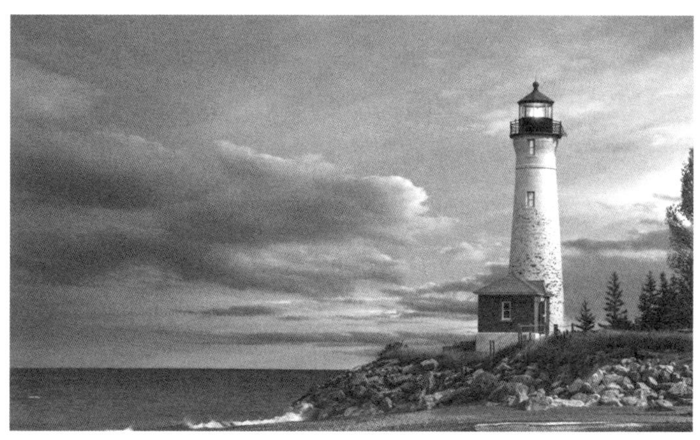

울프가 언제나 주목하는 것은 내면에서 일어나는 감정이고
사건이나 행동에 우리가 부여하는 중요성이지, 사건이나 행동
그 자체가 아니다.

대개의 작가들은 사람들의 행동을 말해 준 다음 그들의 생
각을 상상하거나 기록한다. 울프의 글에서는 행동보다 감정과
생각이 먼저다.

살면서 객관적으로 명확하게 설명할 수 있는 일들이 과연
얼마나 있을까. 찰나에도, 횡단보도 앞에 잠깐 차가 멈추어도
사람들이 지나가는 모습을 보는 아주 짧은 시간 동안에도 나
에게 수많은 감정들이 흘러간다.

인간의 관계와 경험을 딱 꼬집어서 말한다는 것이 얼마나
어려운지를 버지니아 울프는 알고 있었다. 그녀는 한 사람의

마음이 이 생각에서 저 생각으로, 이 감각에서 저 감각으로 휙 휙 지나가고, 자신이나 타인에 대한 평가가 수시로 바뀌는 과정에 주목했다. 함께 겪은 동일한 사건이라도 사람마다 반응이 다르고, 타인이나 사건, 경험에 대한 사람들의 생각도 끊임없이 변한다. 특정 순간에 한 사람이 느끼는 경험과 감각, 생각, 감정을 기록하는 데 선수인 그녀는 진짜 우리의 느낌을 기록했다.

그녀를 떠올렸을 때 가장 먼저 그려지는 우울한 표정. 우리가 가장 흔히 보는 사진 속의 그 연약한 듯, 우울한 듯하면서도 지적인 젊은 시절의 이미지 때문일까.

늘 책상에 앉아 있었을 모습도 그려진다. 울프는 어느 날의 일기에 '나는 나이 사십이 되어 이제 무엇인가에 대해 나만의 목소리로 말할 수 있는 방법을 찾아냈음을 확신한다'고 썼다. 오랜 시간 좌절과 모색과 실험을 하고 나서 버지니아 울프는 자신의 이야기를 쓸 수 있었다.

블룸즈버리 클럽은 그녀가 작가의 길을 걸을 수 있게 된 결정적인 모임이다. 공식적으로 학교를 다닌 적이 없는 버지니아 울프는 오빠 토비가 결성한 이 모임에 참석하면서 어깨너머로 지식을 쌓고 그들의 도움으로 발표 지면을 얻을 수 있었다.

감정을 인정하되
그것이 나의 행동을
결정하지 않도록 한다

특정 순간에 나를 스쳐 가는 감정들을 우리는 얼마나 느끼고 있을까? 나도 버지니아 울프처럼 내가 느끼는 감정, 느낌을 읽는 데 선수가 되었음 좋겠다. 내가 느끼는 경험과 감각, 생각, 감정을 받아들이는 것은 과감한 용기를 필요로 한다. 그런데 이 느낌이라는 것은 무엇일까?

마인드풀 이팅 Mindful Eating

으아. 몸이 찌뿌둥하다.

며칠 동안 동생과 저녁에 먹은 것이 화근이었다. 날 힘들게 하는 것은 바로 여름휴가가 코앞이기 때문이다. 생각해 보면 여름의 문제만은 아니다. 초콜릿으로 휘감아 보기만 해도 달고 맛있는 디저트를 실컷 먹고 꼭 마지막 커피 한 모금과 케익 한 입을 두고 후회한다. 이번 다이어트도 망했다고.

여자들에게 늘 숙제인 이 다이어트. 나 역시 요 며칠 동안 달콤한 유혹에 빠져서 헤어 나오지 못했다. 잠들기 전 에어컨 바람 밑에서 마시는 시원한 병맥주의 맛에 정신이 빠져 이런 고생을 하고 있다. 내 손엔 맥주가, 내 마음 한 켠에 왠지 모를 죄책감이 함께하고 있을 때 내 눈앞에 신기한 다큐멘터리가 켜져 있었다.

'내가 진짜 배가 고픈지 내 위에 손을 얹어 생각해 보라고?'

다큐멘터리에서는 진지하게 마인드풀 이팅에 대해서 설명하고 있었다. 마인드풀 이팅이란 내 앞에 놓인 음식이 진짜 내 몸에 필요한지, 내가 아무 생각 없이 감정적으로 먹는 것인지 의식적인 알아차림을 통해서 음식을 먹는 것이다. 천천히, 음미하며, 오감을 느끼며, 무엇보다 내 몸의 반응에 예민하게 살피면서….

정말 배가 고픈지 고민한다. 정성을 다하여 준비하라. 앉아서 먹어라. 음식에 대해서 감사하는 마음을 가져라. 음식을 자세히 보라. 음식의 향을 음미하라. 의식적으로 먹는 양을 생각하라. 많이 씹어라. 천천히 먹어라. 음식에 집중하라. 결국 알아차리는 것이 중요하다.

21세기 현대인의 대표적인 증후군이라고 불리는 다이어트. 다이어트를 한 사람들의 95%는 5년 내에 실패한다고 한다. 그리고 99%는 10년 이내에 실패한다.

다이어트의 흐름은 이렇다.

다이어트 도전 → 성공 → 실패 → 요요

다이어트 도전 → 성공 → 실패 → 요요 → 도전 → 실패 → 요요
→ 요요

다이어트 도전 → 성공 → 실패 → 요요 → 요요 → 도전 → 실패
→ 요요 → 요요 → 요요

결국 내 몸은 그전보다 더 비대해진다는 것이다. 너무나 부정하고 싶은, 사실이 아니길 바라는 가설이다.

너무나 이상적인 이야기일지 모르겠지만 감정적 먹기와 의식적 먹기를 비교해 본다.

우리는 가만 보면 내 몸이 보내는 신호에 무감각하다. 내 몸의 신호에 나는 얼마나 예민하게 반응하고 있는 것일까. 그저 책상 앞에 앉아 있다는 이유로 어깨가 뻐근하고 뒷목이 당기며, 하이힐을 신고 다닌다는 이유로 발목이 아프다, 아이를 안기 때문에 팔뚝이 굵어지고 있다는 정도만 느끼고 있지는 않은가. 나는 늘 굳어 있고 뻐근하다.

그런데 진짜 내 몸이 나에게 말하려는 건 무엇일까? 솜털이 쭈뼛 설 정도로 소름이 돋는다. 명치 가운데 묵직한 돌덩이가 나를 꾸욱 짓누르는 것 같다. 머리의 정수리가 시리게 아프다.

발바닥에 젖은 솜뭉치가 달려 있는 것처럼 발이 무겁다….

이런 몸의 반응을 조금 더 살펴보면 우리가 접하는 상황에 따라서 내가 보이는 일정한 패턴이 있을 것이다. 예를 들어 내가 불편해 하는 경우 관자놀이가 뻐근하다든지, 기쁠 때 짜릿하고 시큼한 무엇인가가 갈비뼈 사이를 통과하는 느낌이라든지…. 나에게 닥치는 상황을 좀 나누어서 내가 어떤 반응을 보이고 있는지를 살펴보는 것. 그리고 내 몸이 정직하게 어떤 반응을 보이는지, 내 몸의 언어에 목적 없는 대화처럼 있는 그대로 수용하는 경험이 필요하다.

나에게 보내는 정직한 신호. 느낌

느낌. 내 몸의 언어에 이름표를 붙인 것. 그것이 우리가 말하는 느낌(feeling)이다. 우리에게 필요한 것을 알려 주는 경보기 같은 존재다.

자신의 느낌을 명확하게 받아들이기
위해서는 섬세한 관찰이 필요하다.
스스로에게 예민해질 필요가 있다.
그리고 예민해지기 위한
나만의 의식과 시간, 공간이 필요하다.

자기만의
방

"여러분이 부탁한 것은 여성과 픽션에 대해 강연해 달라는 것이지 않았나요? 이게 자신만의 방이라는 문제와 무슨 관련이 있나요?"

버지니아 울프는 케임브리지 대학 강단에 섰다. 그녀는 다음과 같이 결론을 먼저 말하고 시작한다.

"여러분이 한 시간의 강의를 들은 후에 순수한 진실 몇 줄을 노트에 잘 적어갈 수 있도록, 그리하여 벽난로의 선반에 올려 놓고 그런 진실을 영원히 간직할 수 있도록 해 주는 임무를 마칠 수 없을 것 같았습니다."

"여성이 픽션을 쓰고자 한다면 돈과 자신만의 방을 가져야 한다는 말을 전하는 것뿐입니다."

그러므로 내가 여러분에게 돈을 벌고 자기만의 방을 가지기를

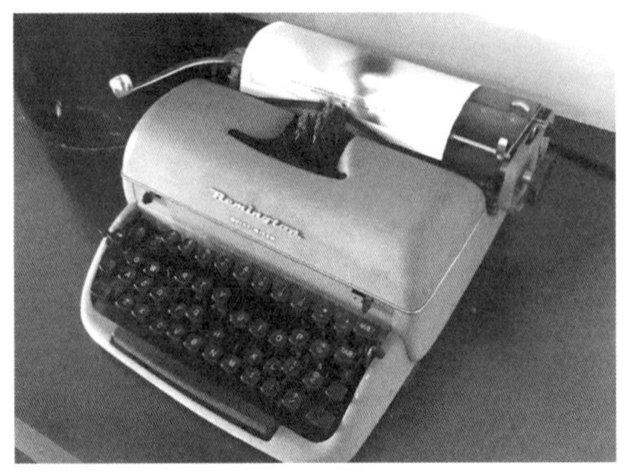

권할 때, 나는 여러분이 리얼리티에 직면하여 활기 넘치는 삶을 영위하라고 조언하는 것입니다.

여러분이 그런 삶을 나눠 줄 수 있건 그렇지 않건 말이지요.

— **자기만의 방**

모든 순간은 나의 내면을 들여다보게 하는 힘을 가지고 있다. 그 순간이 고될고 넘기기 어려울수록 성찰의 힘은 커진다. 단, 나의 내면을 들여다보기 위해서는 즉각적인 반응은 절제해야 한다. 오히려 순간적인 반응이 내면에서 올라올수록 그 상황과 더 떨어져 있어야 한다. 크게 봐야 한다. 마음을 가라앉히고 나에게 흘러가는 '느낌'에 집중하고 기록해야 한다.

여기에 현실적인 준비사항이 있다. 나를 기록하기 위해서는, 집중하기 위해서는 현실적인 나만의 독립된 공간과 시간이 필요하다. 단 5분이라도 현실의 복잡함과 떨어져 있을 공간. 그것이 차 안이든, 산책길이든, 스타벅스에서 커피 한 모금을 마시는 시간이든 나만의 독립된 공간과 시간을 의도적으로 가져야 한다.

✛Mental Beauty 3
나를 스쳐가는 느낌을 기억해 낼 것.
기록할 것.
이를 위한 나만의 공간과 나만의 시간을 가질 것.

4

—————

감정을
발 견 하 다

JANE AUSTEN
제인 오스틴

—————

Angry pe
not alwa

제인 오스틴 Jane Austen

영국 최초의 위대한 여성 작가 제인 오스틴은 영국 소설사에
서 가장 먼저 가정생활에 의미를 부여했다. 미국에서는 오스
틴 현상이라는 말이 있을 정도로 연애와 결혼에 대한 매우 구
체적인 서술로 많은 팬층을 확보하고 있다. 열두 살 때부터 글
쓰기를 시작하여 20대 초반까지 꾸준히 여러 작품을 습작했
다. 그리고 이 시기에 〈오만과 편견〉, 〈이성과 감성〉을 포함한
대표작들의 초고를 대부분 탈고했다.

ople are
ys wise.

화가 난 상태에서는 현명함을 가질 수 없다.

오늘 하루도 무사히 지나갔다. 이제서야 저글링의 즐거움을 조금씩 알 것 같다. 하나둘 늘어난 두 손에 쥐어진 공들이 바닥에 떨어질라 아슬아슬하게 공중에 포물선을 그린 하루였다. 유쾌한 일도 서운한 일도 있었고 운전대를 잡는 순간 약간의 외로움도 느꼈던 하루였다. 꽉 막힌 도로 위에서 나름 오늘 하루를 정리하고 내 인생 가장 큰 공을 하늘 위로 던지기 위해 집으로 다시 출근한다.

나의 피곤함은 잠시, 엄마라는 역할에 충실해야 하는 저녁. 재택근무와 같은 시간이다. 고맙게도 아이들은 모두 잠들었다. 밤 10시 20분. 이제야 온전한 나만의 시간을 갖는다. 내가 요즘 아끼는, 손잡이가 골드로 처리된 머그컵에 루이보스 티백을 담는다. 핫팟의 뜨거운 수증기에 손이 델까봐 조심조심 물을 붓는다. 티백을 서너 번 위아래로 담그고 투명한 물속으로 연갈색의 찻잎이 우러나는 것을 바라본다. 문득 감사하다. 이 평화로운 밤이 얼마나 귀한지 불과 십 분 전과 비교해도 알게 된다.

그런데 생각해 보니 원고를 쓰면서 '문득'이라는 말을 꽤나 많이 썼다. 아니 쓰려고 했다.

그렇다면 지금까지 살면서 과연 '문득'이라는 말을 몇 번이나 했을까? 다른 말로 하면, 갑자기 번쩍이는 그런 순간, 생각지도 못한 아아디어가 툭 하고 튀어나오는 순간, 내가 미처 발견하지 못했던 것들을 알게 되거나 이해하지 못했던 것들을 비로소 알게 되는 순간, 나의 생각이 오해였다는 것을 깨닫고 미치도록 미안해지는 순간.

새로운 아이디어가 떠오르거나, 후회와 반성으로 나를 돌아볼 수 있는 찰나 역시 일상에서 나를 환기시켜 줄 수 있는, 일상에서 분리되는 의도적인 순간들이다.

☑ 차를 마시기 위해 티백을 위아래로 서너 번 움직인다.

☑ 초에 불을 붙이고 작게 타오르는 불빛을 잠시 응시한다.

☑ 가벼운 옷차림으로 무조건 걷는다.

일상 속에서 바로 실천할 수 있는
사소하지만 나의 의도된 의례와 같은
행동 양식.

'차(茶)'를 사랑했던
제인 오스틴

제인 오스틴의 작품들 속에는 차를 마시는 상황 속에서 일어나는 에피소드들이 많이 등장한다. 차를 통해 위로를 받고 차가 이웃들과 소통하게 되는 매개체가 된 것을 알 수 있다.

제인 오스틴의 대표 작품 〈오만과 편견〉에서도 차를 마시는 장면은 많은 것을 의미한다.

제인이 차를 따르고 엘리자베스가 커피를 따르는 탁자에 여자들이 모이기 시작하면서 그들의 이야기는 오해를 불러일으키기도 한다. 늘 오해는 당사자가 모르는 사이에 서로 다른 감정으로 발전하기 마련이다.

오만과 편견_ 나도 모르게

"How despicably have I acted!" She cried. — "I, who have prided myself on my discernment! — I, who have valued myself on my abilities! Who have often disdained the generous candour of my sister, and

gratified my vanity, in useless or blameable distrust.
— How humiliating is this discovery!- Yet, how just
a humilitation! — Had I been in love, I could not have
been more wretchedly blind. But vanity, not love,
has been my folly. — Pleased with the preference of
one, and offended by the neglect of the other, on the
very beginning of our acquaintance, I have courted
prepossession and ignorance, and driven reason away,
where either were concerned. Till this moment, I never
knew myself."

— PRIDE AND PREJUDICE

내 행동이 얼마나 비열했나! 안식과 재능을 뽐내고 언니의 관대
한 담백성을 멸시하고 공연히 불신의 허영에 만족하지 않았던
가? 얼마나 창피한 일인지… 내가 사랑에 빠졌더라도 그 이상
우매하지 않았으리라. 하지만 사랑이 아니라 허영이 내 과오였
다. 한 사람의 편애를 기뻐하고, 다른 한 사람의 무시에는 화를
내고 처음부터 나는 편견과 무지를 사모했고 두 사람이 관련된
사건에 있어서는 분별심을 잃어버린다. 이 순간까지 나는 나 자
신을 까맣게 모르고 있었다.

— 오만과 편견

〈오만과 편견〉 중반부 이후에 다아시에 대한 판단이 상당한 오해에서 비롯됐다는 것을 깨닫는 부분이다. 얼마나 안타까웠을까. 소설 밖의 우리는 모두가 다 알고 있다. 서로 오해하고 있다는 것을. 하지만 소설 속 그들은 서로를 오해하고 또 오해한다. 혼자 지레짐작하고 추측하고 예상하고 북치고 장구치고 다한다. 보고 있으면 입이 바짝 마른다. 답답해 속이 터지겠다.

물론 오해가 없다면 이 세상 영화나 드라마가 지금보다 훨씬 김빠진 맥주 같겠지만 실생활에서 오해와 편견은 꽤나 많은 에너지를 낭비하게 만든다. 그렇기에 우리는 정확하지 않은 예측과 혼자만의 편견에 의존해 상황을 판단하는 습관의 고리를 끊어야 한다.

우선 그 누구도 아닌 나의 느낌을 있는 그대로 받아들이는 연습이 필요하다. 그 찰나의 느낌을 읽고 인정하고 흘려보낼 줄 알아야 한다. 나의 몸이 보내는 신호에 느낌이라는 이름을 새겨 인정하는 순간, 그것은 궁극적인 에너지가 된다. 그렇다

면 나의 느낌을 표현할 수 있는 말은 어느 정도일까?

기분 나쁘다. 좋다. 신난다. 힘들다. 피곤하다. 짜증난다. 이외에도…. 우리가 기억하지 못하는 수많은 단어들이 있다.

• 긍정 단어

감동받은　뭉클한　감격스런　벅찬　환희에 찬　황홀한

충만한　고마운　감사한　즐거운　유쾌한　통쾌한

흔쾌한　경이로운　기쁜　반가운　행복한　따뜻한

감미로운　포근한　푸근한　사랑하는　훈훈한　정겨운

친근한　뿌듯한　산뜻한　만족스러운　상쾌한　흡족한

개운한　후련한　든든한　흐뭇한　홀가분한　편안한

느긋한　담담한　친밀한　친근한　긴장이 풀리는　차분한

안심이 되는　가벼운　평화로운　누그러지는　고요한

여유로운　진정되는　잠잠해진　평온한　흥미로운

재미있는　끌리는　활기찬　짜릿한　신나는　용기 나는

기력이 넘치는　기운이 나는　당당한　살아 있는　생기가

도는　원기왕성한　자신감 있는　힘이 솟는　흥분된

두근거리는　기대에 부푼　들뜬　희망에 찬

• 부정 단어

걱정되는　까마득한　암담한　염려되는　근심하는　신경

쓰이는　뒤숭숭한　섬뜩한　오싹한　겁나는　두려운

　　　　—— PART 1. 나를 만나는 길

진땀 나는   주눅 든   막막한   불안한   조바심 나는

긴장한   떨리는   조마조마한   초조한   불편한   거북한

겸연쩍은   곤혹스러운   멋쩍은   쑥스러운   괴로운

난처한   답답한   갑갑한   서먹한   어색한   찜찜한

슬픈   그리운   목이 메는   먹먹한   서글픈   서러운

쓰라린   울적한   참담한   한스러운   비참한   속상한

안타까운   서운한   김빠진   애석한   낙담한   섭섭한

외로운   고독한   공허한   허전한   허탈한   쓸쓸한

허한   우울한   무력한   무기력한   침울한   피곤한

노곤한   따분한   맥 빠진   귀찮은   지겨운   절망스러운

실망스러운   좌절하는   힘든   무료한   지친   심심한

질린   지루한   멍한   혼란스러운   놀란   민망한

당혹스런   부끄러운   화나는   약 오르는   분한

울화가 치미는   억울한   열 받는   짜증나는

— MARSHALL B. ROSENBERG 〈FEELING LIST〉

이 느낌들은 나의 현재를 말해 준다. 그리고 자연히 옅어진다. 붙잡을 필요도, 그렇다고 부정할 필요도 없다. 지금 나의 상태가 이렇다는 것을 표현하기 쉽게 말해 줄 뿐. 내가 어떻게 느끼고 있는지를 인정하는 것이 중요하다. 그러나 과거나 당신의 감정이 현재와 미래의 당신의 행동을 결정해서는 안 된다. 그것들이 전적으로 당신을 규정하지 않는 선에서 인정하

고 받아들이는 것은 중요하다. 충분히 머금은 다음 우리는 선택할 수 있다. 그 순간, 과감한 결정을 내려야 한다.

나를 스쳐 가는 수많은 감정을 인정하되

내 미래의 행동을 결정짓도록 내버려 두지 말자.

그녀가 사랑했던 것들

제인 오스틴의 차(TEA)에 대한 애정은 대단했다. 소설 곳곳에 차를 마시며 다양한 주제로 이야기를 이어 가는 장면들이 숨어 있다. 제인 오스틴에게 차는 자신과 타인을 알아 가는 매개체이자 새로운 발견을 위한 도구였다.

부엌 식탁 역시 그녀에겐 특별했다. 여성이 글을 쓴다는 것이 매우 드물었던 시기. 그보다 그 자체가 허락되지 않았던 때, 제인 오스틴은 자신의 상상을 종이에 기록했다. 그녀는 가족들이 산만하게 들락거리는 부엌 식탁 위에서 글을 썼고, 그런 그녀를 보며 숙모는 감추라는 압박을 했다. 그럼에도 불구하고 제인 오스틴은 위대한 작품을 탄생시켰다.

일상 속 로맨스. 한때 '오스틴 현상'이란 말이 있었다. 오스틴을 많은 여성들이 마치 비밀을 털어놓을 수 있는 든든한 언니라고 여기는 것과 비슷한 종류의 친밀감을 뜻했다. 그녀의 작품에 녹아 있는 일상 속 로맨스에 우리는 울고 웃었다.

그녀만의 WORDS

"그날 저녁 내내 제가 했던 말, 행동, 태도, 말투 등을 돌이켜 보면, 지금도 그렇지만, 몇 달 동안 이루 말할 수 없이 괴로웠습니다. 당신의 충고가 어찌나 맞는 말이었는지, 절대 잊을 수가 없습니다." … "그때 한 말을 되풀이하지 마세요. 돌이켜 봤자 아무런 도움이 안 될 거예요. 저도 오랫동안 진심으로 부끄러웠나는 점은 꼭 말씀느리고 싶어요."

— 오만과 편견

하지만 엘리너는 그렇게 할 수 없었다. … 잠시 마음을 가다듬은 후에 가까스로 편안하고 스스럼없는 듯한 표정과 행동으로 환영의 인사를 건넸다. 한 번 더 애쓰고 노력하니 조금 더 나아졌다. 그녀는 … 자신이 받은 부당한 대우에 개의치 않고, 그에게 만나게 되어 반갑고, 이전에 버클리 가를 방문했을 때 집에 없어서 정말 아쉬웠다고 말했다.

— 이성과 감성

신중을 기하기 위해 걱정만 앞세우는 건 인간의 노력에 대한 모독이며 신의 섭리에 대한 불신이 아닌가. 그러니 일찍 찾아온 열렬한 사랑과 미래에 대해 낙관적인 믿음을 가지는 게 옳지 않은가. 이렇게 감동적인 연설을 토해내는 앤 엘리엇이 될 수도 있었을 것을! 아니, 최소한 그녀의 마음만은 이러한 소망으로 가득했다. 어려서는 신중하게 행동하도록 강요받은 그녀가 나이 들면서 로맨스를 배웠으니, 부자연스러운 시작에 따른 자연스러운 결과가 아니었을까.

— 설득

느낌에도
늘
시작과 끝이 있다

새벽 2시 30분. 아이가 운다.

둘째는 새벽 2시 30분이면 어김없이 울며 일어난다. 떠지지 않는 눈으로 걸어와 업으라고 한다. 아이를 키우며 느끼는 행복과 일상의 재발견은 날이 더해질수록 신기하다. 하지만 이와 함께 엄마가 된다는 것은 순간순간 숭고한 모성애보다 내 안의 거친 저 밑바닥의 본성과 마주하는 것에 가깝기도 하다.

20개월이 넘도록 새벽마다 잠투정하는 둘째를 업고 달래기를 거의 매일. 이 또한 다 지나가리라 생각하지만 너무 피곤하다. 나는 알아듣시 못하는 아이를 앉혀 누고 설득하려고 한다. 설득이라기 보다는 협박에 가깝다. "이렇게 울면 호랑이가 와서 잡아간다. 뚝 그쳐! 안 그러면 안 업어 준다." 짜증을 내고 화를 낸다. 사랑스러운 눈으로 아이를 감싸는 우아하고 따뜻한 엄마는 없다.

그러고는 알아차린다. 아차! 서둘러 아이를 업고 물 한 잔을 마신다. 한 잔의 물에 기분은 약간 누그러졌다. 잠이 깬 것이다. 그 다음에는 어둠 속에서 스마트폰을 찾는다. 그리고 플레이하는 자장가.

이 자장가와 함께 아이가 빨리 잠들기를 재촉한다. 아이는 다시 잠든다. 피곤하고 힘들기도 하고 짜증이 나기도 했다. 그러는 와중에 내가 친엄마가 맞나 할 정도의 죄책감도 약간 들었다. 그렇게 어둠 속 화장실 문틈으로 새어 나오는 미세한 조명에 의지했던 그때 이상하게 내 머릿속에는 정리되지 않는 생각들이 숙성되고 있었다.

분명 잠들기 전까지는 원고를 채워야 하는 이야기 소재들이 도무지 떠오르지 않았는데 신기하게도 불쑥불쑥 튀어나온다. 자장가를 들으면서 아이를 업고 있는 동안 나도 모르게 정리가 되고 있었다. 신기하다. 감사하다. 머리가 맑아지는 기분이다. 신기한 경험을 한 후 이제는 한낮 책상에 앉아 도무지 아이디어가 떠오르지 않았던 때, 저절로 자장가를 틀게 된다.

나에게 피곤함의 상징이었던 새벽녘 둘째를 어부바하고 자장가를 들려 주는 시간이 이제는 나에게 오밤중 산책을 하고 뜨거운 물로 샤워를 하는 것 못지않게 생각을 정리하기에 좋은 시간이 되었다.

우리가 예상치 못한 일을 마주하게 되면 반응하는 세 가지의 본능이 있다. 맞서 싸우거나, 도망가거나, 꼼짝 못하고 얼어버리는 것.

　　　　　　　　　　　　　　　　　— PART 1. 나를 만나는 길

사람도 동물이기에 스스로를 보호해야 한다는 생각으로 경험해 보지 못한 자극에 방어하려는 것은 당연한 이치다. 호랑이가 '어흥' 할 때 바로 줄행랑쳐야 살아남을 수 있는 것처럼 나를 보호하기 위해서, 멀리 도망가기 위해서 뇌에서는 부정적인 감정을 당연히 먼저 떠올린다. 스스로를 보호해야 하기 때문이다.

이제부터는 내가 만들어가는 습관이다.

- ☑ 숨 한번 고른다.
- ☑ 의도적으로 다른 행동을 한다.
- ☑ 보이지 않고 잡히지 않을 것 같은 긍정적인 느낌을 찾아본다.

감정을 찾아보는 것 역시 훈련이다.

사람은 참 신기하다. 우리는 적응을 위해 신체적인 부분이 시스템화되어 있다. 운동이든 바둑이든 악기를 다루든…. 오랜 시간 하다 보면 적응을 하게 된다.

만약 내가 감정을 빠르게 읽어 내고 그것들을 선택하길 바란다면 습관을 가지면 된다. 운동을 할 때 두 시간마다 운동장에 가서 뛰어야지 하는 사람과 일상 자체가 운동인 사람. 계단을 보면 걸어 올라가고, 가만히 서 있을 때 다리 운동을 하

는 사람이 있다. 삶 자체가 배움인 여자도 있고, 자신이 원하는 방식으로 사는 사람은 습관을 만들기 위한 그들만의 방식이 있다. 나만의 방식으로 정리를 하고 긍정적인 감정을 발견해 내는 힘을 갖는다.

두 번째. 만약 부정적인 감정이 긍정적인 감정으로 변화했다면 그 순간을 곰곰이 생각해 본다. 기억하고 떠올린다. 그리고 그때 내가 했던 행동을 똑같이 한다.

앞서 이야기했던
나를 환기시켜 줄 수 있도록
일상에서 분리되는 의도적인 순간을 기억할 것.

그리고 부정적인 감정이 긍정적인 감정으로 변화하는
순간을 되새겨볼 것.

나는
감사한다.

지금 이 순간 그리고 매일 밤이 올 때마다
우리가 지난 하루를 어떻게 보냈는지 돌아보게 하시고
지난 하루 동안 무엇이 우리의 생각, 말, 행동을
사로잡았는지 생각하게 하소서.

제인 오스틴의 기도문은
그의 소설 속 모든 인물의 기도이자
우리 일상의 기도다.

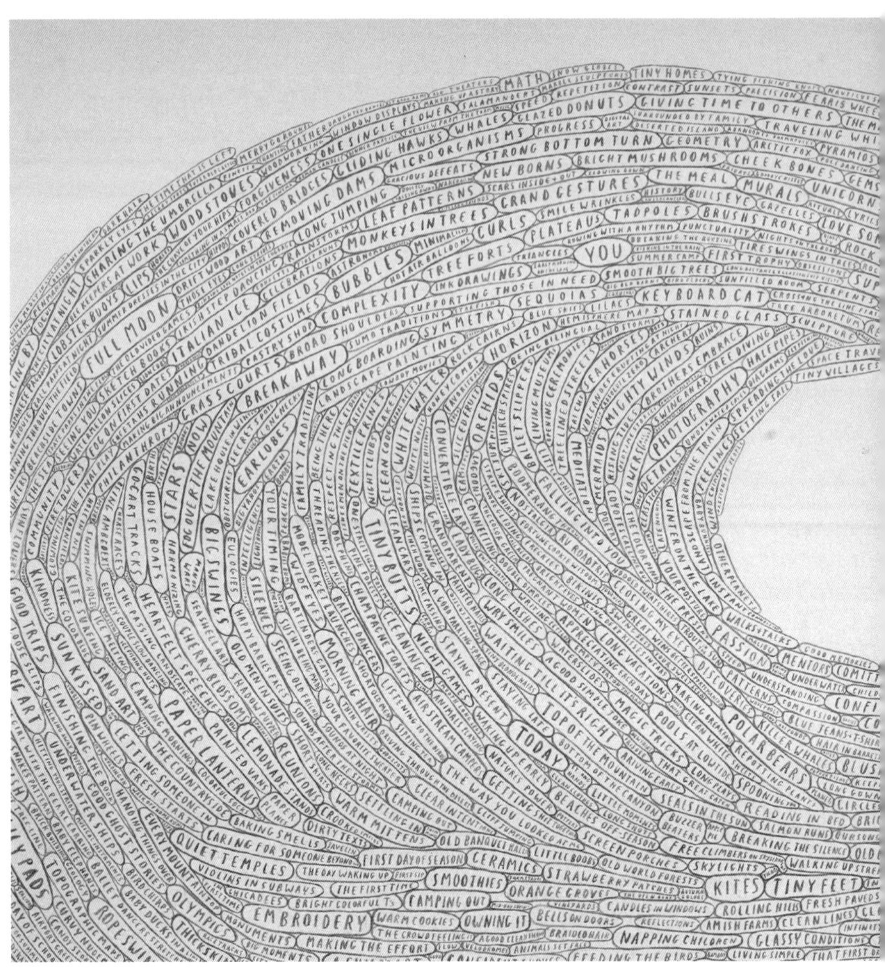

BEAUTY revised_BRIAN REA

BRIAN REA
브라이언 레아

느낌과 감각에 대한 소개를 할 때 꼭 함께 나누고 싶은 작가가 있다. 2016년 서울의 한 갤러리에서 만났던 〈뉴욕 타임즈〉 아트 디렉터이자 작가인 브라이언 레아(BRIAN REA) 이야기다.

한참 멘탈 뷰티에 대한 콘셉트 구상을 하고 있을 무렵이었다. 브라이언 레아를 만났다.

〈뉴욕 타임즈〉의 아트 디렉터이자 패션브랜드 마르니 MARNI와의 컬래버레이션으로 국내에도 알려진 브라이언 레아의 한국 전시 오프닝 파티에서였다. 일이 끝나고 성북동까지 갔던 터라 많이 지쳐 있었다. 과부하가 걸렸던 나의 몸과 머리는 이미 전원 버튼이 꺼져 있었다. 아무 생각 없이 전시장으로 들어섰는데, 나는 한동안 멍하니 서 있었다. 바로 'BEAUTY'라는 작품 때문이었다. 그와 한참을 이야기 나누고 다시 인터뷰를 시작했다.

1

WHAT WAS YOUR MOTIVATION TO START YOUR WORK?

작품을 시작하게 하는 동기는 무엇인가?

My emotions paintings initially began from a single list. I had been living in NYC for 11 years. During the last few years of my time there, I began to develop a lot of anxiety and fear- I think we all live with a certain low-level of constant anxiety- being late for work, how our hair looks, trips to the dentist...these kinds of passing thoughts are front of the mind kinds of fears and I certainly felt these, but I was also developing a lot of back of the brain anxiety too- like getting hit by taxis, food poisoning, falling scaffolding, etc. In an effort to understand what was affecting me, I began to gather these fears and anxieties into my sketchbook in a long list. As I added more and more to the list, I began to find patterns. The patterns became categories- physical, emotional, political, supernatural, random, etc. Then I created a series of paintings. This was my way of taking inventory of all the things affecting me- I was removing them from my head and arranging them in my hands. It made the emotions more manageable.

Since that first piece, FEARS, I've created ANGER,

PAIN, HAPPINESS and BEAUTY as well as smaller painted explorations on each topic. I limit the gathering portion of each project to 1 year and then spend a few weeks creating each graphic interpretation in a painting or drawing.

EMOTION 작품들은 single list에서 비롯되었다. 뉴욕에서 십일 년간 살았었는데, 마지막 몇 년 동안 많은 불안감과 두려움이 많았었다. 우리 모두가 그런 어느 정도의 지속적인 불안감을 가지고 살고 있다고 생각한다. 예를 들면, 직장에 늦으면 어쩌나, 헤어 스타일은 괜찮아 보이나, 치과를 가야 하는데 등의 스쳐 지나는 걱정들이 머릿속을 차지했다. 한편 머릿속 깊은 곳에서는 교통사고가 나진 않을까, 식중독에 걸리면, 공사하는 곳을 지나다 위에서 뭐가 떨어지지 않을까 같은 불안감을 가지게 되었다. 나에게 영향을 미치는 것들을 이해하기 위해서 이러한 두려움과 불안감들을 스케치북위에 모으기 시작하였다. 그 리스트가 점점 길어질수록, 패턴이 보이기 시작했고, 그 패턴들이 육체적인, 감정적인, 정치적인, 초자연적인, 무작위한 것들로 범주화되기 시작했다. 그것들을 그림으로 그렸다. 즉, 나에게 영향을 미쳤던 모든 것들을 머릿속에 두지 않고 꺼내서 일정한 유형으로 만드는 것이다. 그렇게 하게 되면 감정적인 통제가 훨씬 쉽다.

첫 작품 FEARS 이후로 ANGER, PAIN, HAPPINESS 그리고 BEAUTY를 그렸고 또한 각 주제에 관련된 소규모 작품들도 그렸다. 나는 각 작품에 대한 준비를 일 년 동안 한 뒤, 몇 주에 걸쳐 그림이나 드로잉으로 상세한 해석을 표현했다.

2

I'M ESPECIALLY MOVED BY THE ART WORK, "BEAUTY." DO YOU HAVE ANY EPISODES REGARDING THIS ART WORK FROM WHEN YOU STARTED IT TILL YOU FINISHED IT?

나는 브라이언 작가의 작품 중에서 특히 'BEAUTY'란 작품에 감동을 받았다. 이 작품과 관련된 특별한 에피소드가 있는가?

The earlier 'list' pieces were quite dark, both in color and message and were a by-product of living in NYC and the cultural climate in the country at that time. But I was changing as a person. I had moved to California, I was outdoors more, the light, the weather, being close to the ocean all these things had a huge impact on me emotionally and my work. Simply put, I just felt better, I was more present I think and more aware of the new things around me- I felt like I was starting over so I focused on the physical and on observation of things that I was moved by.I spent more time 'seeing' which is an outward action rather than 'feeling' which for some time was an internal/ defensive action. Everything in California was new to me- the desert, the mountains, hummingbirds, road trips...all of it was so moving and lovely that I was desperate to try to capture it all- in a list. As I continued to explore more things and 'build' this list I 'felt' betterphysically and emotionally. Eventually that list became BEAUTY in the shape of a wave.

목록에 담겨 있는 작품들은 색감이나 메시지가 전반적으로 어두웠다. 그 시기에는 뉴욕에서 살고 있었고, 뉴욕의 환경이나 문화가 작품들에 큰 영향을 미쳤다. 하지만 '나'라는 사람은 계속 바뀌고 성장하고 있었다. 캘리포니아에 와서 살기 시작하면서 좋은 날씨와 화창한 햇빛을 받으며 밖에서 많은 시간을 보냈고, 또 해변 가까이 있으면서 이러한 것들이 작품과 감정에 많은 영향을 미쳤다. 간단히 말하자면 모든 게 좋았다. 현재에 더 집중할 수 있게 되었고 주위의 새로운 것들에 눈을 뜨게 되었다. 새로운 출발을 하는 기회로 여기며 보이는 것들과 나에게 감동을 주는 것들을 관찰하는 데 집중하였다. 이전에는 한동안 나는 '느끼는 것'에만 집중되어 있었다. 그것은 내적이고 방어적인 행동이었다. 캘리포니아에 살면서 적극적으로 보고 관찰하기 시작했다. 캘리포니아의 모든 것은 내게 새로웠다. 예를 늘면 사막, 산, 벌새들, 로드 트립…. 모든 것들이 감동적이고 아름다워서 어떤 식으로든 담아 두고 싶었다. 그 결과물이 리스트이다. 더 많은 것들을 경험하고 보게 된 것들을 '리스트'에 추가하면서, 육체적으로, 감정적으로 더 나아져 갔다. 마침내 이 리스트가 'BEAUTY'라는 작품으로 탄생하였다.

3

HOW DID YOU CHOOSE THE SUBJECT "EMOTIONS?"

왜 '감정'이라는 주제를 택하였는가?

Since beginning these list pieces, I've noticed that I now describe my work as emotional or drawing on emotions. I think this distinction is new and is something that developed over time. It took a while for me to see this. For a long time, I described my work as being driven by drawing, by patterns and by conceptual stories. Most of the work was in the form of illustrations for other writers stories, or for magazines. Many of my early pieces were based on something I'd read or seen then conceptually recreating that experience in a drawing. Now I find that I have more empathy. I focus a lot more on what I FEEL as much as what I SEE. The work has become much more personal and perhaps more reflective. I'm mining my own heart for stories now in the hope that I can make work that people can connect with emotionally. I think of it as quiet poetry- a language we all can read and feel.

이 작품들을 시작한 이후로, 이 작품들이 다양한 감정들이 묘사된 것임을 알게 되었다. 이 깨달음은 새로웠고 또한 시간이 지나면서 생겨나게 되었다. 그것을 깨닫기까지는 많은 시간이 걸렸다. 한 동안 작품을 그릴 때 단순히 그리기, 패턴, 개념적인 이야기에 치중하였다. 그 당시 대부분의 작품들은 잡지나 책의 삽화 위주였다. 나의 많은 초기작품들은 책에서 읽거나 본 것들을 기반으로 하고 있다. 지금의 나는 예전에 비해 더 많은 것들을 공감하고, 또한 '보는 것'만큼 '느끼는 것'에 집중하고 있다. 작품 속에 개인적인 느낌들을 반영하게 되었다. 나는 사람들이 나의 작품을 통해서, 그 안에 담긴 감정적 요소들을 공감할 수 있기를 바란다. 나는 나의 작품을 마음으로 읽고 느끼는, 글이 없는 시라고 여긴다.

4

I PERSONALLY THINK THAT THE EFFORT BEING ABLE TO TAKE IN, UNDERSTAND, TO ACCEPT YOUR EMOTIONS IS SO IMPORTANT. HOW DID YOU FEEL AFTER YOU UNDERSTOOD YOUR EMOTIONS OR AFTER YOU HAVE FINISHED YOUR ART WORK? IS THERE A DIFFERENCE BEFORE AND AFTER THIS CHANGE?

나는 개인적으로 감정을 받아들이고, 이해하며 수용하는 노력이 중요하다고 생각한다. 감정을 이해한 후 또는 작품을 완성했을 때 기분이 어떠했는가? 감정을 이해하기 전과 후의 차이점이 있는가?

Beginning any piece of artwork can be daunting and always has anxieties embedded into the very act of creating. It must. I have a relationship with the piece I am working on regardless if it is a large painting or a tiny drawing on a page. Like any relationship, I go through all stages of emotions; love, anger, happiness, contentment, frustration, questioning, doubt, confusion and at it's best moments (usually when the work is completed) joy. What I have learned over time is that with all work the key is to keep fighting through these emotional stages and hurdles. Commitment creates understanding. So I always finish the work. I understand there will be drama along the path to completing a piece but the end result is often happiness.

I still get a high from the act of making work. And being in the studio or a creative place helps encourage that feeling. Even if I am struggling with a particular piece I now understand the emotional obstacles are things I must experience then move past to get to the place of contentment.

어떤 작품을 시작할 때는 항상 겁이 나고, 그것을 창작해 내기까지는 항상 불안감도 존재한다. 작품을 하는 동안 아주 작은 작품이든 대형작품이든 그 작품과 깊은 관계를 맺는다고 할 수 있다. 다른 관계에서와 마찬가지로 감정의 모든 단계들을 거치게 된다. 사랑, 분노, 행복, 만족, 좌절, 의문, 미심, 혼란 등의 감정들을 겪는다. 그리고 제일 좋은 순간들은 특히 작품을 마무리했을 때의 기쁨이다. 시간이 지나면서 배운 것은, 어떤 일에서든 성공의 비결은 포기하지 않고, 감정의 단계들과 장애물을 넘어서서 계속 싸우는 것이다. 온전한 전념은 이해를 가능케 해 준다. 그래서 나는 항상 집요함으로 작품을 완성한다. 한 작품을 끝내기까지는 우여곡절이 따르기도 하지만, 종종 만족스러운 결과가 따라오기도 한다. 난 여전히 작품을 할 때마다 흥분되고 설렌다. 스튜디오에 있거나 어떤 창조적인 활동이 일어나는 곳에 있을 때 그런 기분이 더욱 강해진다. 작품이 잘 풀리지 않을 때 감정적인 문제들조차도 내가 극복해 내야 하는 것이다.

5

MY LAST QUESTION IS, ARE YOU PLANNING TO CONTINUE TO SHARE YOUR ART WORK, "FEELING?" I AM SO CURIOUS WHAT YOUR FUTURE PLANS ARE.

마지막 질문은, 'FEELING'이라는 작품을 대중들과 계속해서 공유할 것인가? 차후의 계획은 어떻게 되는가?

Yes. I'm currently working on a new body of work called ISLANDS that is an extension of my last body of work (WAVES + WORDS). It's about isolation and connection and the different forms this takes in all of us, both physically and emotionally. I think as a culture, we seem to have lost an awareness of what it means to 'feel' or have 'empathy'- we spend a lot of time on 'social media' but it functions as 'anti-social' media. I am looking to explore this- the boxes we place ourselves in, the islands- and maybe develop pieces that highlight the strings of feelings that still connect us all.

그렇다. 현재는 'ISLANDS'라는 새 작품에 작업 중이다. 이전 작품들인 'WAVES'와 'WORDS'의 후속작이다. 이 작품은 육체와 감정의 고립과 연결에 대한 것인데, 이러한 현상들을 사람마다 다른 방식으로 대응하는 것을 표현한다. 현재 우리의 문화는 '감정' 또는 '공감'에 무뎌졌다. 사람들은 소통의 도구로 소셜 미디어에 많은 시간을 보내고 있지만, 모순적이게도 그 소셜 미디어가 우리를 소통과 더 멀어지게 만드는 반사회적인 미디어가 되어 버렸다. 이렇듯, 우리를 가두고 있는 틀, 즉 고립된 섬과 같은 현상을 탐구하고자 한다. 그래서 아직은 우리를 하나로 연결하고 있는 감정의 끈들을 표현하는 작품들을 그리려고 한다.

나를 수용한다는 것은 과감해지는 것이다. 나를 스쳐 가는 감정을 판단하지도, 그것을 선택하는 것이 아닌 있는 그대로 수용하는 것. 가장 중요한 핵심이다.

5

숨겨진 욕구를
인 정 하 기 까 지

AUDREY HEPBURN
오드리 헵번

오드리 헵번 Audrey Hepburn

벨기에 출신의 영화배우로 아카데미 여우주연상을 안겨 준 영화 〈로마의 휴일〉로 스타덤에 오른 후, '헵번룩'을 대유행시키며 현재까지도 패션 트렌드에 지대한 영향을 미치고 있을 뿐만 아니라 하루아침에 세계의 연인이 되었다. 배우로서도 아름답고 화려했지만 장기간 유니세프 친선대사로 활동하면서 인류애를 실천한 노년의 그녀 역시 수많은 사람들의 기억 속에 아름답게 기억되고 있다.

I was born with an enormous need for affection, and a terrible need to give it.

나는 애정을 받을 엄청난 욕구와
그것을 베풀 엄청난 욕구를 타고났다.

**오드리 헵번
여자로서
그녀의 삶**

나는 지금 기진맥진해 있다. 오늘은 토요일.

아침 6시. 어떤 기억도 나지 않는 깊은 잠에 빠져 있던 나에게 큰 돌덩이가 날아왔다. 아니 날아온 듯했다. 19개월 된 둘째의 머리였다. 한참을 칭얼댔는데 엄마가 들은 채도 하지 않자 머리로 들이받았나 보다. 내가 너무나 사랑하는 아이의 머리지만 화가 났다. 진짜 아팠다.

엄마는 한없이 여유로운 모습과 온화한 모습이어야 한다고 생각했다. 적어도 우리 아이가 자신의 할 일을 스스로 하기 전까지는 말이다. 하지만 나는 그런 따뜻한 엄마가 아니었다. 짜증난 표정도 바로 들켜버리는 엄마였다.

하루에도 몇 번씩 엄마의 역할과 자질에 대해 반문했던 내게 3년 전 한국에서의 오드리 헵번 전시는 여자의 삶에 대해 긴 여운을 남겼다. 부엌에서 아이들을 위해 손수 음식을 만들던 오드리 헵번의 뒷모습은 얼마나 아름다웠을까? 그녀가 손수 적었던 레시피 노트, 오래된 그릇과 나이프를 통해 엄마의 사랑을 간직하는 두 아들. 그녀는 평범한 엄마이고 싶었다.

이토록
완벽한 삶이
또 있었을까

이제는 '세계의 톱 배우100', 아이들을 위한 위인전에서 볼 법한 그녀 오드리 헵번. 우아한 인생의 논리적 완결을 보여 줬다는 기자의 설명만으로는 부족하다. 그녀를 더 멋진 여자라고 인정할 수 밖에 없던 이유. 그것은 두 번의 결혼 실패의 이유였다.

그녀는 늘 안정적인 가정을 원했다. 하지만 쉽지 않았다. 배우 멜 퍼러와의 첫 번째 결혼도, 정신과 의사 안드레아 도티와의 두 번째 결혼도 그녀에게 행복을 가져다 주지 못했다. 그녀는 두 번째 결혼을 하면서 배우로서의 삶을 접고 평범한 가정주부로 살고 싶었다. 하지만 그녀보다 아홉 살이나 어렸던 도티는 〈로마의 휴일〉의 주인공인 오드리 헵번을 사랑했다. 도티와 오드리 헵번은 결혼을 통해 얻고자 했던 것이 달랐고, 결국 헤어졌다.

오드리 헵번에게는 배우로서의 성취와 즐거움도 중요했지만 그것보다는 그녀의 삶의 의미는 가족에게 있었고, 가정의

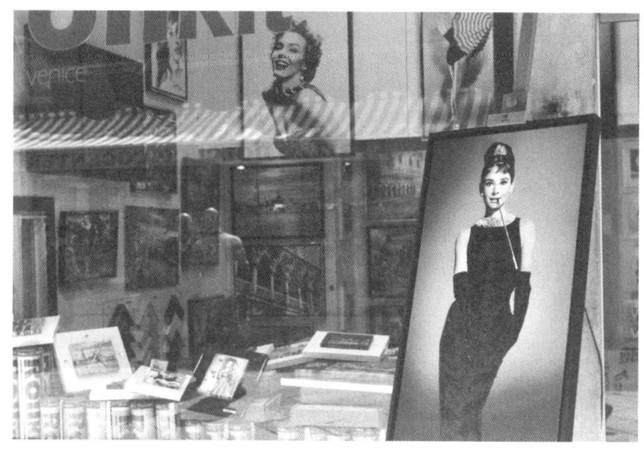

안정감을 무엇보다 바랐다. 하지만 결혼생활을 하는 내내 그녀가 필요로 했던 욕구들은 채워지지 않았기에 외로웠고 힘들었다. 가정에서의 안정과 엄마로서의 사랑에 대한 욕구가 있었던 그녀. 하지만 그녀의 남편들은 그녀와는 다른 것을 원했다. 배우로서의 화려함과 대중들의 사랑을 받았던 화면 속 여배우로 자신의 옆에 남아 주길 바랐다.

자신이 원하는 것이 무엇인지 명확하게 알았던 헵번. 자신의 삶의 과정 속에서 아버지에게 받지 못했던 사랑만큼의 사랑을 받고 싶었고, 받고 싶었던 만큼 가족에게 자신의 사랑을 아낌없이 내어 주고 싶었던 그녀.

사랑을 받고 싶은 욕구가 그녀 안에 있었기 때문에 그녀는 가난하고 불우한 이들, 관심이 필요한 이들을 진정으로 포용할 수 있었다. 그녀는 자신이 무엇을 원하고, 어떤 삶을 살 때 가장 행복한지 알았던 사람이다.

그녀가 이야기한 것처럼 그 누가 뭐라 이야기하든 삶에 있어 선택이란 객관적이고 사회적인 가치 평가가 아닌 나의 본질적인 욕구에 이루어진 것이어야 더 행복하고 후회 없는 삶이 가능한 것이다.

이처럼 욕구는 우리를 충만하게 만드는 에너지이다.

오드리 헵번
그녀만의
스타일과 삶

티파니에서 아침을, 그리고 티파니. 내게 가장 인상적인 헵번의 모습을 보여 주는 영화다. 여자들은 티파니 하면 민트색 박스를 먼저 떠올린다. 신기하게도 〈쇼핑학〉의 저자 마틴 린드스트롬(Martin Lindstrom)은 티파니 블루박스를 보는 것만으로도 여성들의 심장박동수가 22퍼센트나 상승한다고 했다. 많은 여자들이 갖고 싶어하는 티파니.

'당신은 스스로가 자유분방하다고 여기면서 누군가가 우리에 가둘 것을 두려워하고 있지.'

티파니 매장 앞의 오드리도 인상적이지만 더 기억에 남는

대사다. 우리는 홀가분한 자유와 의지할 누군가를 동시에 찾는다. 양면의 동전과 같은 느낌과 욕구는 함께 찾아온다.

〈로마의 휴일〉, 그리고 로마의 곳곳 역시 티파니와 떼 놓을 수 없다. Life isn't always what one like. 명대사를 남겼던 로마의 휴일. 그녀의 연기 인생의 가장 중요한 영화. 영화와 음악, 그림은 우리를 순간 그 장소로 이동시킨다. 그 누구도 할 수 없는 위로를 우리에게 준다.

그녀의 지방시 드레스는 내 상상 속 그녀가 늘 입고 있는 의상이다. 뉴욕 5번가 티파니 매장 앞에 서서 샌드위치와 커피를 먹고 마시며 티파니의 쇼윈도를 하염없이 바라보는 헵번. 업스타일 헤어에 버그 아이 선글라스. 진주 다이아몬드 목걸이를 걸치고 몸에 꼭 맞는 등이 깊게 파인 블랙 드레스. 최고의 패션 아이콘. 그녀를 가장 아름답게 만들어 주는 지방시의 블랙 드레스. 지방시와 오드리 헵번은 서로를 빛나게 해 준 최고의 파트너였다.

유니세프 친선대사로서의 헵번. 오드리 헵번은 자신이 가진 영향력이 세상을 바꿀 수 있는 힘을 가지고 있음을 알고 그렇게 실천한다. 자신 역시 2차 세계대전 때 유니세프의 도움으로 살아남았기에 그녀의 나눔은 당연한 것이었다. 사랑을 받고 싶었고, 그리고 사랑을 주고 싶었던 그녀의 선택은 나눔이었던 셈이다.

필요를
인정하는
순간

연애를 할 때 나는 참 원하는 것이 많았다.

'영화 보러 가자.'

'학교 앞으로 데리러 오면 좋겠어.'

'시험 끝나면 맛있는 거 먹으러 가자.'

같이 하고 싶은 것도, 해 주고 싶은 것도, 또 내가 받고 싶은 것도 많았다. 가장 행복한 상태를 꿈꾸기 때문이다. 나는 이만큼을 바라는데, 상대방은 해 주지 않는다고 느낄 때면 외롭다. 서운해지기 시작한다.

삶의 질은 내가 현재 무엇을 원하고, 미래에 무엇을 갖기를 원하는지에 의해 결정이 된다. 욕구는 우리를 움직이는 힘이다. 우리를 스스로가 원하는 방향으로 이끈다. 그러니 항상 자신에 대해서 어떨 때 자극을 받고, 무언가를 하고 싶다는 욕구가 생기는지를 잘 생각해 봐야 한다. 제일 슬픈 것은 그 어떤 것도 하고 싶지 않을 때다. 아무것도 하고 싶은 게 없다는 것은 그만큼 자신을 돌볼 겨를이 없다는 것이다. 우울함이 극심하거나 자신을 돌볼 여력이 없는 상태.

전 지구상에 남녀노소, 문화에 상관없이 인간의 공통언어인 욕구. 이 욕구만 잘 파악할 수 있어도 우린 언어가 필요 없을지도 모른다.

욕구 하면 떠오르는 것, 막상 이야기해 보라고 하면 손가락 열 개가 넘어가지 않는다. 하지만 우리의 내면에는 수십 가지, 수백 가지의 세세한 욕구들이 숨어 있다. 이 중에 나를 표현하는 대표적인 욕구들도 있고, 이 순간에 나의 느낌과 행동에 영향을 주는 흘러가는 욕구들도 있으며, 상대적으로 더 중요하고 덜 중요한 것들도 있다. 이것들의 우선순위를 알기 위해서는 먼저 어떤 것들이 있는지 알아야 한다.

• 힘의 욕구
성취, 인정, 자존감, 평등, 질서, 조화, 자신감, 자기 표현, 자기 신뢰, 중요하게 여겨짐, 효능감, 능력, 존재감, 정직, 진실, 인정, 일치, 개성, 숙달, 전문성, 자기 존중, 정의, 보람

• 재미의 욕구
놀이, 배움, 즐거움, 재미, 유머, 자각, 도전, 깨달음, 자극, 열정, 명료함, 배움, 목표 발견

• 자유의 욕구

독립, 자율성, 선택, 성취, 생산, 성장, 창조성, 치유, 선택, 승인, 자유, 주관을 가짐, 자율성 독립

• 생존의 욕구

신체, 정서, 안전, 공기, 음식, 물, 주거, 휴식, 수면, 안전, 신체적 접촉(스킨십), 성적 표현, 정서적 안전, 편안함, 돌봄을 받음, 보호 받음, 애착 형성, 자유로운 움직임, 운동, 안정성, 자기 보호

• 사회적 욕구

소속감, 협력, 사랑, 봉사, 친밀한 관계, 유대, 소통, 연결, 배려, 존중, 상호성, 공감, 이해, 수용, 지지, 협력, 도움, 감사, 사랑, 애정, 관심, 호감, 우정, 가까움, 나눔, 소속감, 공동체, 안도, 신뢰, 확신, 예측 가능성, 성실성, 평화 여유, 아름다움, 가르침

• 삶의 의미

의미, 비전, 회복, 인생 예찬(축하, 애도), 기념하기, 희망, 꿈, 영적 교감, 영성

— MARSHALL B. ROSENBERG 〈FEELING LIST〉

**나를
움직이는
에너지**

이렇게 독한 감기를 앓아 본 적이 없다. 아무것도 먹고 싶지도, 하고 싶지도 않다. 전화가 오는 것도 받고 싶지 않고 책도 읽기 싫다. 그저 이불 밖으로 나올 일만 없었으면 좋겠다.

아무것도 하고 싶지 않은 줄 알았는데…. 나의 건강과 휴식의 욕구가 나를 침대 위에 머물게 하는 거였다. 어떤 상황이든 우리에게는 필요한 것이 있다. 만약 그 어떠한 것도 진짜 없다면 아직도 미처 발견하지 못했거나 우울증이 극도로 심각한 상태다.

후회가 미래에 같은 선택을 하지 않도록 기회의 에너지가 되는 것처럼 내가 무엇을 원하고 바라고 있는지 아는 것은 긍정적인 방향으로 움직이는 데 힘이 된다. 긍정의 에너지가 부정의 에너지로 변하는 순간은 타인과의 마찰에서다.

욕구

우리 모두가 똑같이 가지고 있는

가장 보편적인 것

모두가 욕구를 가지고 있지만 그것을 충족시키기 위한 수단과 방법은 사람이나 시간, 문화에 따라 달라질 수 있다. 상상력을 통한 다양한 방법을 찾는 것은 삶의 풍요로움과 즐거움을 위한 필수 요소다. 하지만 욕구를 자기 방법과 수단으로만 충족시키려고 하면, 갈등이 생기고 우리의 삶은 아주 힘들어진다. 우리의 모든 행동에는 의식적이든 무의식적이든 어떤 욕구를 충족하려는 의도가 있다. 자신이 그 순간에 진정으로 무엇을 원하는가에 대한 의식이 없으면 그것을 충족하기 위한 효과적인 방법을 찾기 힘들고, 오히려 자신이나 다른 사람의 욕구를 충족할 수 없는 폭력적인 행동을 선택하게 된다.

지금 12시 50분. 배가 고프다. 무엇인가 내 뱃속에 채워 넣고 싶은 욕구. 달콤한 자극으로 행복해지고 싶은 욕구. 라면을 끓여 먹을까? 어제 먹다 남겨 둔 초콜릿케이크 한 입만 먹을까? 이 욕구를 달랠 방법은 너무나 많다. 여러 방법 중 내일 아침 후회하지 않을 물 한 잔을 선택한다. 나는 오늘도 지혜롭게 역경을 넘은 여자다.

나에게도 나만의 욕구들이 있다
느낌은 모두 욕구의 얼굴이다.
내 안에 잠시 머문다.
나에게 어떤 욕구가 있는지를 파악하는 것이
나를 긍정적인 방향으로 이끄는
지름길이다.

오드리 헵번의 욕구

그리고

엄마로서의 나

무엇인가 존재하게 한다는 것. 아이를 낳는 위대한 일일 수도 있고, 도전하는 직업일 수도, 제품, 책, 영화를 세상에 내놓는 일일 수도 있다. 모든 것들은 세상에 나오면 그 자체로 존재한다. 이것은 늘 익숙해지지 않는 경험이다. 외부의 평가가 두렵기도 하고 나의 재능을 의심하게 된다.

내가 정말 잘하는 것일까? 내가 아닌 나보다 더 잘하는 사람이 해야 하는 것이 아닐까? 나는 뒤로 물러나 있는 것이 더 나은 선택이지 않을까? 시간 낭비가 아닐까? 이 시간을 아이들과 함께 보낸다면 그것이 최선이지 않을까? 설레고 하고 싶다는 열정은 누구나 다 가지고 있는 욕심이 아니었을까?

나는 그랬다. 새로운 자극을 늘 갈망했고, 배움이 내 인생의 큰 즐거움이었으며, 내 스스로 선택한 목표를 성취하는 것, 그리고 나의 생각을 표현하고 새로운 무엇인가를 만드는 것에 큰 즐거움을 느끼는 사람이었다.

그런데 결혼을 하고 나니 남편에게는 이해해 주고 지지해 주는 아내가 되고 싶었고, 아이들이 태어나고부터는 돌봄과 사랑을 주고 싶었다. 아이들의 성장과 함께 나 역시 더 나은 사람이 되고 싶었다. 무엇보다 꿈꾸는 성취의 기쁨을 느끼는 아이들로 자라나길 바랐다.

나의 욕구는 계속해서 늘어났고, 나의 선택은 더욱 더 어려워졌다.

첫 째 아이가 다섯 살이던 8월의 어느 날.

퇴근 후 부랴부랴 집으로 돌아왔다. 유난히 지친 하루였던 터에 숨 한번 고르고 현관문을 열었다. 지금도 생생히 기억난다. 거실 끝에서 달려오는 아이의 세상 다 가진 듯한 표정은 잊을 수가 없다. 마치 슬로우 모션으로 영상을 재생하듯 거실의 조도도 밝기 조절을 한 것처럼 모든 것이 영화 속 한 장면 같았다.

죽음을 앞둔 사람이 눈을 감는 찰나에 자신의 인생을 돌아보는 것 같았다. 아이가 뛰어오는 몇 초는 그랬다. 병원 분만실에서 서로 낯설게 안아 보았던 첫 만남부터 고개를 들고, 처음으로 배밀이를 하는 때, 침대에 잠시 올려 두었다가 굴러굴러 바닥으로 떨어지던 순간, 그리고 엄마와 떨어지기 싫어 바짓가랑이를 붙들고 울던 기억들….

그러면서 나의 우선 순위는 결정이 됐다.

이 아이가 성장하면서 자신이 가장 잘하는 일을 하는 것이 아니라 심장을 두근거리게 하는 일을 하며 살았으면 좋겠다고, 엄마 역시 제일 잘하는 일을 하는 것은 아니었지만 하면서 설레고 행복했던 일을 했다고, 그렇게 살아도 된다고.

그 뒤로 나에게는 아이에게 '설레는 엄마'의 모습을 보여 주는 것이 일순위가 됐다. 나의 가슴 속 수많은 욕구들은 이렇게 순위가 매겨졌고, 지금까지도 나의 선택의 기준이 된다.

오드리 헵번의 사랑을 받고, 주고 싶은 욕구는
그녀의 삶의 방향을 바꾸었고,
그녀의 삶의 결정적인 기준이 되었다.

자신의
욕구를
인정하는 법

우리는 매 순간 수많은 정보를 나도 모르게 받아 내고 있다. 마치 나를 둘러싸고 수만명의 사람들이 이야기하는 것과 같다. 외부로부터의 자극들은 때론 바로 사라지거나 혹은 나의 방식으로 재해석되어 기억 저장소에 자리 잡는다. 그리고 강한 자극은 그대로 나의 뇌리에 꽂힌다. 자극의 강도는 전적으로 내가 결정한다. 기억에 남는 자극은 반드시 이유가 있다. 그것은 느낌으로 말한다.

황홀하다, 행복하다, 기쁘다, 감사하다, 신난다, 두근거린다, 설렌다 등의 긍정적인 느낌일 수도 있고, 불안한다, 긴장된다, 슬프다, 불쾌하다, 당황스럽다, 화가 난다 등과 같이 얼굴을 벌겋게 만드는 부정적인 느낌일 수 있다.

나를 불편하게 하는 것은 진실을 담고 있는 질문이다.

그리고 그 안에는 나를 움직이고 있는 욕구가 있다.

- ☑ 나를 불편하게 만드는 질문을(상황을) 피하지 않는다.
- ☑ 2초의 우아함이 필요하다. 자극에 순간적인 대응을 하지 않는다.
- ☑ 나의 몸의 변화를 관찰한다. 이것은 느낌이다.
- ☑ 그리고 그 안에 있는 나의 욕구를 생각한다.
- ☑ 같은 상황, 같은 사람에게서 오는 자극에 변화가 없다면 그 욕구를 살펴 볼 필요가 있다.

내 자신에 대한 섬세한 배려,
그것은 관찰이고
기다릴 줄 아는 인내다.

PART 2

그리고 당신

타인의 모습에서
나를 마주한다

금요일 저녁 6시 38분.

나는 강변북로 위에서 여의도와 이촌동 사이

볼록하게 나온 도로를 지나고 있다.

정말 기어간다.

도로 위에서 한시간 째다.

하지만 괜찮다.

6시 35분에서 40분 사이가 되면 라디오에 집중한다.

볼륨을 올린다. 시작했다.

〈철수는 오늘(MBC FM 배철수의 음악캠프에서 하루를 되돌아
보는 코너)〉.

일흔다섯 살 모지스 할머니 이야기다. 자신이 사는 시골 마
을의 풍경을 좋아해서 일흔다섯의 나이에 붓을 들었다. 남들
이라면 하던 일을 그만둘 일흔이 넘어 시작한 그림은 그 후 그
녀의 삼십 년을 새로운 삶으로 탄생시켰다.

철수는 오늘 그림을 직접 그리거나 남이 그린 그림을 보거나
그 둘의 시간이 모두 사람에게 도움이 되는 이유를 생각한다.
어떤 장르의 그림이든 그림 한 점 때문에 마음이 크게 움직였던
경험,
그림의 힘은 우리들의 생각보다 훨씬 세다.

— 철수는 오늘

모지스 할머니의 그림은 따뜻하다. 익숙하지만 그리운 농촌의 정겨운 풍경이다. 그림에는 우리네 삶이 담겨 있다. 가족이 있고, 동물들이 있고, 산등성이를 넘어가는 노을이 있고, 살가운 바람 역시 보인다. 그녀는 알고 있었다. 사람은 시간도 공간도 지배할 수 없다는 것. 순간만이 지배할 수 있다. 순간을 지배하는 것 중 하나가 그림이라고 말하는 모지스 할머니. 그녀는 자신과 마주보는 것들을 그림으로 기억했다. 그리고 사랑했다.

인생이 유한하다는 것을 알게 된다면 우리는 사랑하기 쉽다. 마침표가 찍히는 그 순간을 기억하는 것. 그녀는 자신과 마주보는 것들을 그림으로 기억했다. 그림 속에는 가족이 있고, 사람이 있고, 동물들이 있고, 노을이, 살랑거리는 바람이 보인다.

타인의 삶은 그림과 같다. 개성 강한 수많은 신인 아티스트들이 아무것도 없는 새하얀 캔버스 위에 스케치를 하고 그리

고 지우기를 반복하길 여러 번. 이제 안되나 보다 싶을 때 가까스로 마음에 드는 스케치를 한다. 그리고 그 위에 채색하길 또 여러 번. 머릿속에는 완성된 작품의 형태가 있지만 절대로 그대로 표현될 수는 없다. 우연히 쏟은 물감에서, 잘못 든 붓에서 떨어진 몇 방울의 수채물감은 뜻하지 않은 기쁨을 가져다 준다. 이거였다.

타인의 삶을 통해 또 다른 그림을 그리고 있는 나는 이렇게 우연히 탄생한 작품처럼 완성해 가는 삶을 배운다. 알아차린다. 그들의 모습에서 나를 발견한다.

나를 알기 위해서 절대 없어서는 안될 존재이자 행동양식. 타인 그리고 마주하기.

한때는 그랬다.

우선 내가 잘되자. 잘되고 나면 다른 이들도 더 잘 도와줄 수 있을 거라고 생각했다. 내 앞 길도 모르는데 다른 이의 선택과 결정에 함께 한다는 것이 부담스럽기도 했다. 하지만 상대방에게 필요한 것은 어떠한 말보다도 가만히 들어 주는 한 사람이었다. 평가도, 판단도, 조언도 아닌 자신을 온전하게 바라보고 들어줄 한 사람.

나에게는 타인을 받아들일 용기가 없었다. 의지도 박약했다. 과거에 있었던 상대방과의 만남과 인연을 통해 떠오르는 감정과 경험. 그것들로 나도 모르게 상대방을 판단했다. 평가하려 했다. 온전한 수용은 너무나 어려웠다.

사람은 늘 변한다. 과거에 나와 조우했던 현재의 그가 아니다. 상대에 대한 편견 없이 지금의 모습 그대로를 마주하기. 설득이나 강요가 아닌 바라봄을 통한 현재를 느끼기. 상대방은 또 다른 나다. 과거의 나일 수도, 미래의 나 일수도 있다. 시간이 절대 멈추지 않는 것처럼 사람 역시 제자리에 있지 않는다. 변화하는 타인을 통해 오늘의 나를 발견한다.

너를 통해 발견하는

오늘의 나

타인과 마주하기

나의 수식어: 당당하다.

언제부터인가 나를 보고 당당하단다. 나는 사실 당당하지 않다. 소심하고 겁도 많다. 역할이 많아질수록, 나의 결정이나 말고 외부에 미치는 영향이 커질수록 더욱 더 조심스럽다. 결코 당당하지 않다.

당당하다는 것이 무엇일까? 국어사전에는 '남 앞에 내세울 만큼 모습이나 태도가 떳떳하다', '힘이나 세력이 크다'라고 나와 있다.

관련 어휘가 재미있다.

의연하다. 늠름하다. 대단하다. 어엿하다. 드세다. 시퍼렇다. 정대하다. 정정당당하다. 떳떳하다….

반대 어휘는 소심하다. 비겁하다….

당당하지 않지만 굳이 당당함으로 담아 내고 싶은 의미를 꼽으라 한다면 '의연함'이다.

언제부터 내가 당당하다는 말을 듣기 시작했는지 생각해 본다. 가장 결정적인 계기는 머리를 짧게 자르고 나서부터다. 그리고 나의 '만족의 기준'이 낮아진 즈음부터다. 일의 목표를 낮게 잡는 것이 아닌 '사람과의 관계'에서 '만족 기준'이 낮아졌 다는 것이다. 이 말은 상대방의 아주 사소한 움직임, 작은 손 짓 하나에도 헤프다 싶을 정도로 감사하는 것. 감사가 많아질 수록 나는 타인에 대한 마음이 열렸다. 만족을 하게 되는 경험 치가 쌓여갈수록 나는 나와 다른 사람을 인정하고, 감사할 수 있는 작지만 중요한 가치를 찾으려 노력하게 됐다. 감사하고 났더니 조금 더 행복해지고, 나에게 일어나는 일에 대해 조금 더 넓은 시각을 가지고, 이 세상 모든 일이 유익하다는 사실을 알고 또 감사하게 된다. 감사는 당신을 당당하게 만든다.

타인과의 관계
감사 연습

한 매거진이 전세계 여성들을 대상으로 행복과 삶에 대한 35가지 질문을 했다. 그중 가장 중요하게 꼽을 수 있는 두 가지 질문과 답변 내용을 요약하자면 다음과 같다.

지금 행복한가?

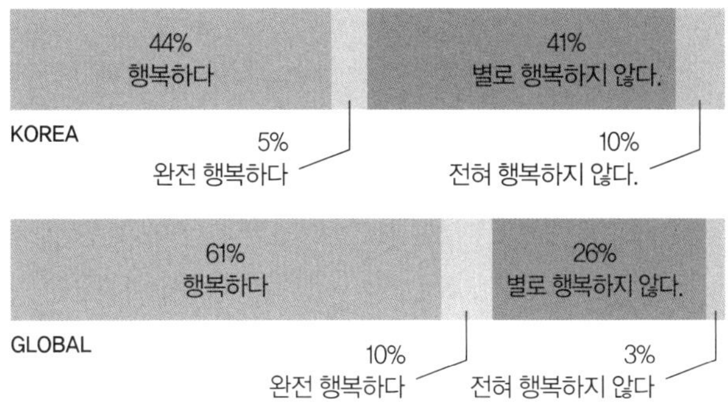

한국 여성이 행복하게 느끼면서 산다는 것은 쉽지 않은 일 인가보다. 별로 행복해하지 않는다라는 대답에 다시 한번 생 각하게 된다. 무엇이 우리를 행복하지 않다고 만드는 것일까?

지금 나를 가장 행복하게 하는 것은?

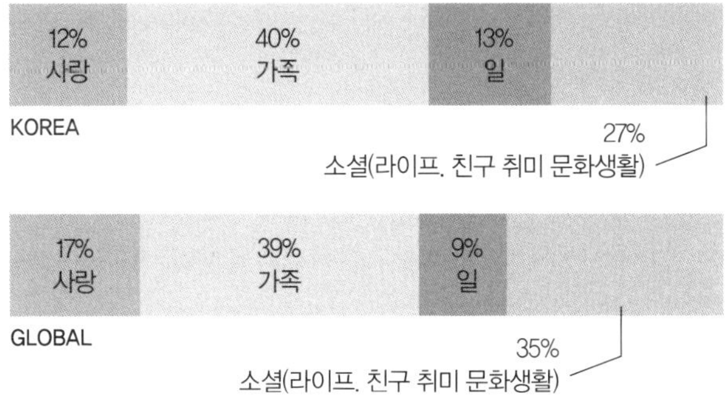

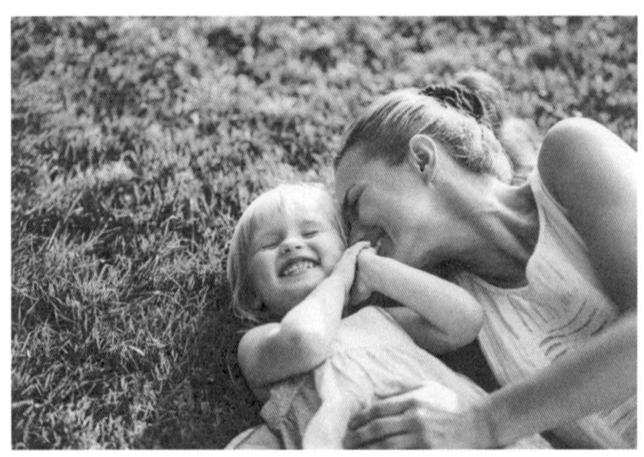

나를 행복하게 하는 첫째 요소는 한국을 포함해 전 세계 여성들이 가족을 뽑았다.

여자들의 정신 건강과 삶의 질은 언제나 전 세계적인 관심의 대상이다. 여성뿐 아니라 모든 이들의 스트레스 감소를 위해서 오늘도 수많은 컨텐츠가 쏟아져 나오고 있다.

목표는 하나다.
스스로의 행복감을 증진시키는 것.
내가 행복하고 충만하다고 느끼게 하는 것.

우리는 그것을 '감사'에서 찾을 수 있다. 매 순간 감사를 느끼는 것. 나의 손발이 자유롭게 움직임에, 갓 구운 빵 냄새를

맡을 수 있음에, 오늘도 어디론가 향할 수 있음에, 슬플 때 눈물을 흘릴 수 있음에. 이 모든 것은 당연한 것이 아닌 축복이다. 나에게 일상은 거저 주어지는 것이 아니다.

감사하기. 감사하는 태도는 우아한 행복을 느낄 수 있는 가장 빠른 길이다.

내가 아닌 남과의 마주보기.
가족으로부터, 친구로부터, 타자로부터
찾을 수 있는 감사.
그것은 여성만이 느낄 수 있는
우아한 행복이다.

© Lucie Brochard

6

그녀의
프렌치 시크

Jane Birkin

제인 버킨

제인 버킨 Jane Mallory Birkin
프렌치 시크의 상징인 제인 버킨 역시 원래는 그저 그런 영국
모델에 불과했지만, 세르주 갱스부르를 만나면서 자유롭고 내
추럴하되 관능적인 프랑스의 여인으로 거듭났다. 그와 함께한
그녀에게는 섹시하지만 결코 천박하지 않은 자유로움이 깃든
무엇이 있었다. 꾸민 듯 안 꾸민 듯 자연스러운 멋을 강조하는
'프렌치 시크'의 대명사로 불린다. 그녀는 확실히 삶 자체가 영
감을 주는 아티스트다.

제 옷 중에는 30년 된 것도
많아요. 빈티지라고 생각해서
입는 건 아니에요. 때로는
아버지의 바지나 남자친구의
재킷을 입기도 하죠.
자신감을 가지고 원하는 옷,
오래된 옷을 입을 때 행복해요.
**자기가 좋아하는
것을 잘 알고 있어요.**
그게 결국 자기 삶을 구성하는
것이죠.

그냥 봐도
참 예쁘다

흰색 티셔츠에 청바지를 입은 모습은 언제나 참 예쁘다. 뱅 스타일로 자연스럽게 흘러내리는 긴 생머리와 쭉 뻗은 다리에 걸친 티셔츠. 제인 버킨의 대표적인 스타일이다. 깡마른 몸매는 그녀에게 시크함을 더해 줬다. 사진 속 그녀는 늘 심플했다. 심플한 의상을 선택한 그녀의 자유스러움을 보여 주는, 그 이름도 유명한 버킨 룩이다.

나도 제인 버킨처럼 늘어진 티셔츠를 입고 거울 앞에 선다. 같은 티셔츠인데 왜 이렇게 달라 보이는지. 도대체 제인 버킨이 입은 그 티셔츠는 무슨 브랜드인지 궁금하다. 셔츠가 늘어진 각도가, 아니면 면 재질이 다른지 고민한다. 내가 원하는 핏은 이게 아닌 것 같은데…. 한참을 고민하다가 웃는다. 거울 앞에서 이런 생각을 하는 내가 참 웃기다.

오늘도 이렇게 웃으면서 하루를 시작한다. 예뻐지자고 다짐하면서. 제인 버킨과 같은 핏은 아니더라도 저지 소재의 티셔츠가 맨살에 닿았을 때의 편안함과 자유스러움이 참 마음에 든다.

결국

모든 여성들의 로망

프렌치 시크

버킨룩으로 대표되는 프렌치 시크.

여자들은 프렌치 시크를 유독 왜 그렇게 좋아할까? 결국 프렌치 시크를 통해서 많은 여자들이 하고 싶은 말은 '나는 자신을 더 사랑하는 여자'라는 사실 아닐까?

꽤 오래전에 봤던 매거진에서 인상 깊었던 부분이 있다.

프렌치 시크는 자기애(自己愛)이다.

남들이 뭐라든, 스스로 아름답다 여기며 지극히 사적인 만족감을 추구하는 룩. 무심해 보이는 이 시크함에는 묘하게 끌리는 매력이 있다. 적당히 흐트러지고, 완벽하지 않은 스타일. 그런데 하나하나 살펴보면 꽤 럭셔리한 소재에 기분 좋은 컬러 배합이 어우러져 오히려 더 완벽한 느낌으로 완성되는 시크함. 어렵지는 않다. 그저 스스로에게 집중하면서 힘 좀 빼자는 말이다.

스스로에게 집중하면서 힘을 좀 뺀다는 것. 어디 말처럼 쉬운 것인가?

투 머치. 과함이 아닌, 넘치는 것이 되지 않도록 늘 견제하자는 이야기. 그동안 수없이 외쳤던, 마음속으로 여러 번 다짐

했던 욕심을 버리자는 것이 패션에서도 어김없이 나온다.

놈코어. 프렌치 시크. 결국 빼 버리는 것이 아닌 선택의 문제다. 그런데 이 선택을 잘하자면, 먼저 어떤 것들이 나한테 펼쳐져 있는지. 나의 선택 테두리 안에 있는지를 알아야 한다. 나는 지금의 나를 가장 잘 알아야 하고 그것을 통해서 더 나아갈 수 있다.

앞에서 살펴 봤던 feeling과 needs. 이것들은 지금 내가 하고 있는 말과 행동, 자세, 선택…. 모든 것의 시작점이다. 그렇기에 그것을 살피는 것이 중요하다.

내 옷장 속에 검정 트렌치코트와 미니스커트, 롱부츠 그리고 트렌디한 와이드팬츠가 같이 뒤섞여 있다. 이것들을 현명하게, 지혜롭게 잘 정리하는 기술은 우선 펼쳐 놓고 그것들 중에 무엇을 내 것으로 가져가고, 무엇을 흘려보내야 하는지를 아는 것이다. 세계 최고의 멋쟁이라고 하는 파리지엔들도 처음 멋스럽게 보이는 옷을 선택하기 위해 거울 앞에서 꽤 긴 시간을 서 있는다고 한다. 세 시간이 넘도록 서울 앞에서 서 있는 여자가 진짜 파리지엔이라는 농담 아닌 농담을 듣기도 했다. 그 시간들은 헛된 시간들이 아니다. 그러면서 거울을 보고 자신의 컨디션을 파악하며 나를 알아 가는 것이다. 무엇이 나를 가장 오랜 시간 빛이 나게 하는지는 스스로에게 알려 주는 시간. 누구에게나 선택을 잘하기 위해서는 기다리는 시간이 반드시 필요하다.

버킨 룩

제인 버킨의 패션 스타일은 수많은 여자들의 패션에 영감을 주었다.

블랙 라이더 재킷. 우리의 내면에는 자유로워지고 싶은 욕구가 있다. 검정 라이더 재킷은 자유로움을 상징하는 복장에 빠지지 않고 등장한다. 시대와 유행에 관계없이 상징적인 의미가 있는 블랙 라이더 재킷은 제인 버킨이 사랑한 패션 아이템이었다.

부드라운 저지 소재의 티셔츠는 내가 가장 동경하는 스타일이다. 청바지에 무심하게 걸친 티셔츠. 물론 저지 소재가 빛을 발하기 위해서는 몸매 또한 건강해야 한다.

흰색 셔츠는 프로페셔널해 보임과 동시에 자유로움을 상징하는 여성의 로망. 언제나 사랑받는 스타일의 정석이다.

각 잡힌 블랙 재킷은 언제 어디서나 입을 수 있는 든든한 무기 같은 아이템이다. 이 재킷 하나만 있으면 나의 스타일은 완성된다. 블랙 재킷의 포인트는 이너와 하의는 캐주얼하게 입는 것. 그리고 빈티지한 스니커즈나 디테일 없이 매끈한 앵클 부츠로 마무리한다.

내가 좋아하는 것을
안다는 것

'옷을 입을 때 원하는 것을 찾지 못하면 결국 오래된 옷에 손이 가더라구요. 제 옷 중에는 30년 된 것도 많아요. 빈티지라고 생각해서 입는 건 아니에요. 때로는 아버지의 바지나 남자친구의 재킷을 입기도 하죠. 원하는 옷, 자신감을 가지고 오래된 옷을 입을 때 행복해요. 자기가 좋아하는 것을 잘 알고 있어요. 그게 결국 자기 삶을 구성하는 것이죠.'

내가 무엇을 좋아하는지, 내게 어떤 것이 잘 어울리는지 굳이 신경 쓰지 않아도 자연스러운 아름다움을 갖게 하는지 아는 것은 중요하다. 우리의 마음도 마찬가지이다. 제인 버킨은 무엇이 자신에게 잘 어울리는 스타일인지, 어떤 선택과 결정이 자신의 삶을 위한 것인지 그 누구보다 잘 알았던 여성이다.

우리는 때때로, 아니 많은 경우 진짜 내가 무엇을 원하는지 모른다. 혼돈에 빠지거나 뒤늦게 후회한 경험을 한다. 나도 그랬다. 두 가지 혹은 그 이상의 선택지를 놓고 들었다 났다를 반복했다. 마치 객관식 시험에서 3번과 4번을 번갈아 체크하듯이 말이다. 살아오면서 수많은 선택의 기로에서 나는 얼마나 잘한 선택을 했던가. 그때마다 이것이 잘한 선택이었는지를 떠나, 정말 내가 원하는 것인지를 물었어야 했다. 그런데 그때마다 매번 확신을 가질 수는 없었다.

젊은 시절, 채워지지 않는 needs를 통한 부정적인 느낌이 나이가 들면서 needs의 충족으로 긍정적인 느낌을 받지만, 그 당시 채워졌던 긍정적인 것들이 반대로 나에게 충족되어지지 않으면서 부정적인 것들로 다가온다.

정확하게 늘 반대로 간다. 그리고 늘 부정적인 것들과 긍정적인 것들이 함께 가니 뭐 하나 아주 좋은 것도 나쁜 것도 없다. 그렇기에 우리는 어떤 상황이든 그것을 이왕이면 좋은 방향으로 받아들일 수 있는 연습이 필요하다. 왜냐하면 행동과 나의 선택의 기준이 되는 이 부분에 대한 수용이 없다면 그것은 시간이 흘러도 풀리지 않는 숙제처럼 묵직하게 남아 있기 때문이다.

그리고 비우려고 해도 비울 수 없는 감정.
걱정. 염려. 근심. 불안. 두려움. 이런 감정들이
늘 주관적 선택을 주저하게 만든 건 아닐까.

뭐 하나 해결이 됐다고 생각하면 슬금슬금 또 올라와서 내 감정주머니를 차지하고 있고, 커졌다가 잠시 작아지고를 반복한다. 건강한 것이 당연한 것이 아니듯, 감정 역시 부정적인 감정이 든다고 이상한 것은 아니다. 우리는 스스로를 보호하려는 본능이 있기 때문에 어떤 상황이어도 예측 불가능한 현실에 불안해하고 두려워하며 누군가가 나에게 해를 입히지 않을까 걱정하기도 한다. 이것은 본능이다. 당연하다. 하지만 그것을 더 극대화시켜서 힘들게 살 것이냐, 아니면 어느 정도의 컨트롤이 가능한 것으로 내 삶에 적당량을 끌어들일 것이냐는 나의 선택이다.

우리가 앞에서 나의 느낌과 욕구를 파악했다면 이제는 그것을 바탕으로 선택해야 한다. 내가 그것들을 기준으로 삼아 아무것도 잘 모르는 찰나의 행동을 결정할지, 그것을 바탕에 두고 더 나은 선택을 위한 '지속 가능한' 나의 안정과 행복을 위해서 행동과 언어 태도 등 나의 삶을 구성하는 것들을 결정할 순서가 됐다.

✤Mental Beauty6

**평가나 판단이 아닌 온전히 수용할 것.
있는 그대로를 받아들일 것.**

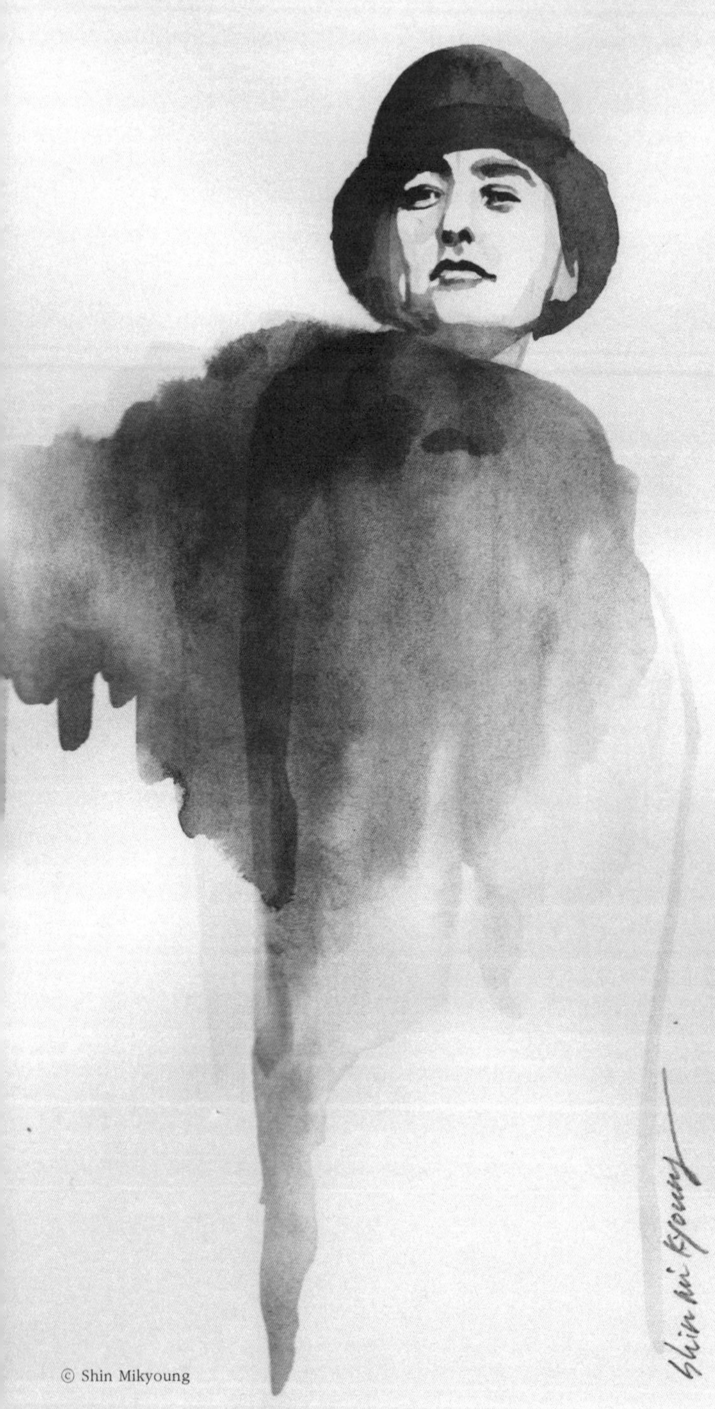

7

결국
선택

Georgia O'Keeffe

조지아 오키프

조지아 오키프 Georgia O'Keeffe

1910년대 미국 모더니즘의 태동기로부터 1970년대까지 반세기를 넘어서는 미국 현대 미술사에서 독자적인 위치를 차지한 화가이다. 화면을 뒤덮을 듯 확대된 꽃그림과 뉴멕시코 사막의 풍경화는 섬세한 사실성과 추상성의 조화, 투명하고 아름다운 색채화 장식성, 삶과 죽음이 교차하는 상징적 의미와 성적 암시로 특징지워지는 오키프의 화풍을 대표한다. 그러나 그녀를 뒤따르는 영예와 대중적 인기는 단지 작품세계뿐 아니라 그녀가 지나온 극적인 삶에서 많은 이들이 공감하고 지지한다.

평범하게 자랐다고 생각했는데
어느 날 문득 나는 여자라는 이유로
내가 원하는 곳에 살 수도 없고
갈 수도 없으며 하고 싶은 것을
할 수도 없음을 알게 되었다.
말하고 싶다고 모두 말할 수 없다는
것도 알았다. 하지만 그런 생각이
들 때마다 나는 남이 아니라
나 자신에게 진짜
중요한 것,
내가 할 수 있는
유일한 것, 바로
그림을 그려야 한다고
생각했다.

**삶은
결국
선택이다**

아침에 눈을 뜨고 가장 먼저 하는 일.

스마트폰의 알람을 끈다는 핑계로 인터넷에 접속한다. 그리고 피드를 확인하고 뉴스를 본다. 그 짧은 시간 동안 내 눈에 들어오는 뉴스. 그것이 무엇인지에 따라 하루를 인상 찌푸리며 시작하느냐, 아니면 그래도 살 만하고 생각하며 시작하느냐가 달려 있다.

많은 경우 부정적이고 자극적인 뉴스가 나도 모르게 눈에 띈다. 오늘 하루도 안녕하게 보내자고 다짐하며 일어난다.

아침에 감당해야 할 일, 출근을 하고, 누군가의 출근을 돕고, 다시 이불 속에 늘어가는, 아니면 커피 한잔을 하고 정신을 차리든 내가 해야 할 일을 한다. 눈을 뜨면서부터 선택을 한다.

삶은 결국 선택이다.

내가 아닌 다른 사람의 길은 쉬워 보여도 내 앞길은 안개가 걷히지 않은 산길 같다. 내가 할 수 없는 일이라면 결론은 나 있다. 못한다. 하지만 애매하게 선택하기 힘든 상황, 1억을 빌려 달라는 직장동료에게 거절하는 것보다 애매하게 십만 원을 빌려달라는 동료의 거절이 더 어렵다. 일상의 미묘하고도 사소한 선택의 순간, 나는 결정장애에 걸린다.

하지만 이것은 행복한 일이고 그나마 다행인 일.
내가 스스로 선택하고 결정하고
그것에 대한 책임을 지면 된다.
하지만
내가 어찌할 수 없는 일,
타인에 의해 결정되어 버린 일,
나는 그저 그 안에서 수동적으로 받아들여야 하고
그럴 수밖에 없는 일,
그 앞에 마주하는 순간 평온은 불행으로 바뀌어 버린다.

어찌할 수 없는

조지아 오키프는 가장 성공한 화가 중 한 명이자 대표적인 미국의 미술가다. 진정한 예술가였고 대중들에게 많은 인기를 얻었다. 화면을 뒤덮을 듯 확대된 꽃 그림, 발목까지 내려

오는 드레스에 사막에서 고립된 듯한 수도승과 같은 이미지로
〈TIME〉, 〈LIFE〉 매거진에 자주 등장한 예술가이자 다른 예
술가들에게 새로운 영감을 주는 대상이었던 조지아 오키프.
그녀는 사랑하는 사람 덕분에 미국을 대표하는 미술가가 되었
지만 동시에 진정한 예술가로서 평가받기까지 수많은 질문과
의심, 그리고 무엇보다 긴 시간이 필요했다.

그녀에게는 고마움의 대상이자 동시에 자기 스스로를 가두
게 만들었던 연인, 미국 모더니즘 미술의 선구자로 추앙받았
던 알프레드 스티글리츠(Alfred Stieglitz)가 있다.

지금 이 순간도 나를 스쳐 가는 수많은 정보들이 있다. 정
보를 접하는 순간 우리는 1초도 안되는 순간에 내가 받아들일

것인가 흘려보낼 것인가 판단을 한다. 내가 어떤 상황인지에 따라 정보의 내용은 달라진다.

매마른 피부가 신경 쓰이는 날에는 온통 화장품 추천 기사에, 사람과의 관계에서 어려움을 겪는 날은 '관계'와 '소통'에 대한 정보, 뉴스, 기사, 점심시간 식당에서의 수다 역시 내 귀에는 나와 같은 문제를 겪고 있는 이의 한숨에 더 쏠린다.

어느 날 아침, 지금 현재 자신이 어찌할 수 없는 상황에 놓인, 결과를 기다릴 수밖에 없는 상황에 놓인 친구와의 전화를 끊고 나서 나는 스티글리츠가 찍은 오키프의 사진전에 대한 비평이 생각났다.

스티글리츠는 오키프의 추상 드로잉을 설명하면서 성적인 암시를 담은 은유를 사용하여 작품을 묘사하곤 했다. 그런 와중에 오키프를 찍은 사진전을 열었고, 대중들은 그녀를 스티글리츠라는 한 남성의 완전한 소유물이라고 인식하기 시작했다. 작품처럼 그녀를 관찰의 대상이라고 여긴 것이다. 독립적인 창조의 주체라 여겨지고 싶었지만 그녀 앞에 있는 장애물은 벅찼다. 나는 미술가라고, 아티스트라고, 나도 창조의 주체라고 말하고 싶지만 양손 양발을 꽁꽁 묶어버린 채 어찌할 수 없는 상황.

☑ 나는 열심히 하는데 남들은 전혀 그렇게 생각하지 않을 때.

☑ 내가 아니라고 외치는데 그 말을 듣기는커녕 비아냥거
리릴 때.

☑ '창조자'가 아닌 누군가의 '모델'로만 존재할 때.

☑ '주체'가 아닌 사회가 원하는 그저 그런 '대상'인 것만 같
을 때.

☑ 아무도 내 말에 귀를 기울여 주지 않을 때.

조지아 오키프만의 이야기가 아니다. 우리에게도 흔히 일
어나는 일들이다.

그 어떤 방법조차
떠오르지 않을 때

그녀는 그랬다. 다른 방법이 없었다. 그리고 또 그랬다. 오
키프의 색이 강하게 나올 수밖에 없었던 이유. 자기만의 언어
가 필요했다. 말하고 싶었고, 자신의 이야기를 사람들이 들어
주길 바랐다. 어찌할 수 없는, 다른 방법이 없다고 여겨질 때
그녀는 자신이 할 수 있는 최상의 것을 택했다. 그리고 그녀
의 선택은 늘 오키프스러웠다. 많은 미국의 화가들이 유럽으
로 향할 때, 거친 미국 서부로 발길을 돌렸고, 반세기 이상을
뉴멕시코의 사막에 둘러싸여 수도승과 같은 생을 보냈다. 시
간이 흘러 그녀는 개인주의, 고독한 자유, 역경을 딛는 강인한

개척 정신이라는 미국적 이상의 이미지가 되었다.

어찌할 수 없는 상황이라고 생각될 때
끝이라고 생각될 때
타인에 의해 삶이 무너졌다고 생각할 때
분명 그 안에도
나를 뒤집을 수 있는 강력한 한 방이 숨어 있을지도 모른다.
어떤 상황이든 자의에 의한 선택의 길로 뒤집을 수 있다.
자의냐 타의냐에 따라
같은 상황도 달라 보인다.

그녀의 그림에서 공통적으로 발견할 수 있는 몇 가지 요소가 있다.

캔버스를 꽉 채운 꽃. 투명하고 아름다운 색채와 화면을 뒤덮을 듯 확대된 꽃그림은 그녀를 말한다. '그림에 왜 사인이 없나요?'라는 질문에 '제 얼굴에 사인이 없는 것처럼 그림은 제 얼굴입니다. 얼굴에는 사인이 없어도 누구인지 알아보지 않나요?'라는 반문을 했다.

발목 길이의 금욕적인 드레스, 긴 코트, 흰 스카프 등 오키프의 한결 같은 이국적인 옷차림을 한 초인적 수도승의 이미지는 〈TIME〉, 〈LIFE〉 등의 매거진을 통해 널리 알려졌다.

뉴멕시코 사막에서의 고립을 택한 조지아 오키프의 삶과

예술은 다른 이들에게도 새로운 영감을 주었다. 그녀가 선택한 자기다운 아티스트의 삶.

'우리는 외적인 상황은 선택할 수 없다. 그러나 어떻게 반응할지는 늘 택할 수 있다.'

선택을 잘하기 위해 인생을 바라보는 시각을 뒤집어 보면서 대처할 수 있는 몇 가지 방법이 있다. 이 방법들은 초등학생 때 다 배운 듯하다. 너무 간단해 보인다. 그래서 '내가 처해지는 선택의 순간은 이보다 더 깊은데'라고 생각할 수 있다. 하지만 두 눈을 딱 감고 적용해 보기를 권한다.

우리는 선택의 순간이 되면 갈등한다. 장점과 단점을 아무리 따져봐도 어렵다. 가끔은 정말이지 장점과 단점이 정확하게 반반이다. 같다.

어떤 일이 일어났을 때 당신이 할 수 있는 유일한 것은 사건에 대한 태도를 정하는 것이다.

1. '지금 어떻게 해야 하는가?' 스스스로에게 잠시 묻는다.

잠시 멈추어 서서 질문하는 것만큼 간단하면서도 우리에게 필요한 습관은 없다.

2. 물 한잔, 커피 한잔, 창문을 여는 행위로 평정심을 잠시
   찾는다.

문제가 발생하면 운동을 하러 간다거나 뜬금없이 자리를 떠서 다른 일을 하는 사람들이 있다. 이런 방법들은 현재 문제를 회피하는 것 아니라 잠시 '환기'의 시간을 갖는 것이다. 생각의 전환은 그 틀 안에서 그 사고 안에서 벗어날 때 훨씬 더 자유로울 수 있다. 몇 시간의 잠수타기가 아닌 단 5분만이라

도 어떤 선택에 있어서 나만의 시간을 가져 보자. 그 뒤에 하는 선택은 가 보지 않은 길에 대한 후회를 현저하게 줄어들게 할 것이다.

3. 그리고 나서 4코너(4C)를 적용한다.

자신의 선택에 대해서 후회하지 않기 위해서는 가보지 않은 길에 대한 후회를 줄이는 것이 중요하다.

산을 올라갈 때 초반에는 시내도 보이고 돌도 보이고 앞에 있는 것들이 보인다. 올라가면서 점차 그 주위가 보이고 정상에 오르면 가지 않은 오솔길도 등산로도 한눈에 다 보인다. 아름다운 길을 봤더라도 아쉽지 않다. 4C를 알아 가는 것은 이와 같다. 가지 않은 길에 대한 후회 없이 나를 멀리 보기 위해서 필요하다.

먼저 아래와 같이 두 개의 선을 긋는다.

4코너

A를 할 경우 좋은 점	A를 할 경우 좋지 않은 점
A를 하지 않을 경우 좋은 점	A를 하지 않을 경우 좋지 않은 점

오늘 아침 했던 말이 후회되는 순간,
계속 되새기는 나를 발견한다.

되새겨서 좋은 점	되새겨서 나쁜 점
반성의 기회로 삼는다. 고민하고 잠을 못 자니 얼굴이 헬쑥해 보여 연약해 보인다. 나의 문제점에 대해 경각심을 느낀다.	잠을 못 잔다. 피곤하다. 괴롭다. 자존감이 바닥으로 떨어진다. 생각이 커진다. 걱정거리만 많아진다.
되새기지 않았을 때 좋은 점	되새기지 않았을 때 나쁜 점
잘 수 있다. 편안하다.	나를 돌아볼 기회가 없다.

되새기는 반추의 기능이 오히려 긍정적으로 작용할 수 있다는 것을 알게 된다. 어떠한 선택도 행동도 장단점이 있다는 것을 알게 되니 여기에서 이제 본인만의 선택을 하면 되고, 자책감 역시 가질 필요 없다.

— NONVIOLENT COMMUNICATION

이렇게 펼쳐 놓고 보면, 쉽고 당연해 보인다. 하지만 결정을 해야 하는 위급한 문제일수록 우리는 판단하기 쉽지가 않다. 그리고 중요한 것은 내가 어떤 상황에 놓여 있다고 생각할 때 4C를 적용하면 그럼에도 불구하고 우리가 자의로 선택할 수 있는 경우가 생긴다는 것이다. 물론 모든 경우를 단정 짓기 어렵겠지만 많은 경우 우리의 보통의 일상에서는 미처 생각하지 못한 생각의 전환이 일어날 수 있다.

4. 그리고 감사한다. 이런 결정을 한 내 자신에게 감사한
   다.

   이렇게 나는 내 자신에게 일어나는 일에 대해 조금 더 넓은
시각을 가지고, 모든 일이 유익한 면을 가지고 있다는 것을 다
시 한번 느낀다.

스위치의
on/off가
아닐 수도 있다

지난 며칠 동안 나는 내 삶을 마치 높은 곳에서 내려다 보는 것처럼 바라보게 되었다. 나에게 주어진 시간을 어떻게 쓰고 있는지, 어떤 생각을 하고 있는지 궁금해서다. 아침에 눈을 떠서 기록한다. 매우 짤막하게 기록을 하지만 한 시간 만에 메모장을 수도 없이 누른 것 같다. 유명 배우에게 나를 연기해 보라고 부탁한다면, 나는 어떻게 연기 지도를 할까?

무슨 옷을 입고, 하루 중 어떤 시간에 무슨 문제가 발생하는지, 그리고 나는 어떤 행동과 말을 하며 타인의 이야기에 어떤 표정을 하는지 리액션 역시 궁금했다.

객관적으로 관찰하고 싶은 나는 지금 더 나은 삶을 만들고 싶어하는 거다. 더 행복해지기를 바라고 나를 가두고 있는 울타리를 없애 버리고 싶다. 그렇기에 이왕이면 내 삶의 관찰을 통해 보다 나은 선택을 하고 싶은 거다. 나다운 선택은 마음의 풍요를 안겨 준다.

선택에도 여러 모습이 있다. 예전 나에게 있어서 선택은

on/off 상태 같았다. 그래서 선택은 더 힘들었다. 하나를 선택하면 나머지 하나를 버려야 했기에. 하지만 선택은 on/off가 아닌 스피커의 볼륨의 강도를 조정하는 것과 비슷한 때도 있다.

똑 떨어지는 A, B가 아닌 강도 조절을 통해 선택 역시 택하는 것. 스피커의 볼륨처럼 약해졌다 강해졌다 하는 것이 가능하다는 것을 느끼는 순간 나는 갑자기 초점과 시각이 명료해지고, 무엇보다 선택의 부담감이 사라졌다.

© Lucie Brochard

8

———

옳은 일을
한 다 는 것

———

Françoise Gilot
프랑수아즈 질로

———

프랑수아즈 질로 Françoise Gilot
스무 살이었던 프랑수아즈는 2차대전 중 62세의 피카소를 만났다. 자유롭고 예술적인 분위기의 부잣집 말괄량이였던 화가 지망생은 피카소의 거부할 수 없는 막강한 능력에 끌렸다. 하지만 이 둘의 사랑도 잠시, 늘 그렇듯 피카소는 이내 눈을 돌렸다. 피카소의 사랑은 이기적이었다. 아내의 친구와 연인이 된 것이다. 프랑수아즈 질로는 결정한다. 미련 없이 그를 떠난다.

프랑수아즈 질로

떠날게요. 안녕.

피카소

나 자살하겠어.

프랑수아즈 질로

그렇게 하세요. 그것이 당신을 더
행복하게 해 줄 거예요.
나는 내 사랑의
노예였을지 몰라도
당신의 노예는 아니에요.

　프랑수아즈 질로를 다시금 떠올린 것은 한 화장품 브랜드의 봄 시즌 광고였다. 프랑수아즈 질로의 당당하고 우아한 모습을 바탕으로 현대적인 자연스러운 아름다움을 완성해 줄 봄 메이크업 '여신 메이크업 룩(Divine Makeup Look)' 제안이었다. 테이트 모던 박물관TATE MODERN MUSEUM이 온라인상에 공개했던 여성 화가 프랑수아즈 질로의 모습 그대로였다. 피카소의 뮤즈. 그녀만이 유일하게 피카소와의 결별이 해피엔딩이었다. 피카소가 얼마나 대단한 치명적인 매력을 지녔길래 피카소의 연인들 중 유일하게 프랑수아즈만 스스로 생을 마감하지 않을 수 있었을까.

　감히 사람을 평가한다는 것은 매우 힘든 일이다. 그리고 의미가 있을까도 싶다. 하지만 피카소는 대중들에게는 화가로서 대단한 사람이었을지 몰라도 그의 연인들에게는 치명적인 실수를 저질렀다. 그녀들을 예술을 위한 영감의 존재로만 봤을 뿐 상대방의 아픔에 공감하지도, 이해하려는 노력도, 위로하려는 어떠한 것도 하지 않았다는 것이다. 그렇기에 그녀들은 피카소의 마음이 떠남과 동시에 자신은 없어져 버린 존재가 되었다. 힘들었고 괴로웠다. 스스로 생을 마감할 정도로.

유일하게 피카소를 먼저 떠난 여인이 프랑수아즈 질로였다.

'처음엔 게임이었어요. 이 세상에서 가장 영향력 있는 인물. 내 아버지 나이의 남자. 능력과 열정과 권력을 가진 남자. 그 어떤 것도 다 만들어 낼 수 있는 남자. 그런 손을 가진 남자. 피카소 그를 너무 사랑했다니까요.'

스무 살이었던 프랑수아즈는 2차 대전 중 62세의 피카소를 만났다. 자유로운 예술적인 분위기의 부잣집 말괄량이였던 화가지망생은 피카소의 거부할 수 없는 막강한 능력에 끌렸다. 하지만 이 둘의 사랑도 잠시, 늘 그렇듯 피카소는 이내 눈을 돌렸다. 피카소에게 사랑은 이기적이었다. 아내의 친구와 연인이 된 것이다. 프랑수아즈 질로는 결정한다. 미련 없이 그를 떠난다.

'저는 망설이지도 고민하지도 않아요.
그저 있는 그대로 행동으로 옮기고 할 뿐 이죠.'

NO는 또 다른 YES다.

나의 결정은 NO일 수 있지만, 다른 의미로는 타인에게는 YES일 수 있다.

나는 내 마음속에 목록 하나를 가지고 있다. 답답한 상황이면 재킷 속주머니에서 흰 종이를 시원스럽게 쫙 펼쳐들 듯 머릿속에 종이 한 장이 펼쳐진다.

하얀 종이에는 정성스레 'Do the right thing'이라고 쓰여 있다. 지금 해야 하는 결정과 행동들이 나에게 '옳은 선택'인지 물어본다. 남에게는 친절한, 나에게는 불친절한 방법을 택한 것은 아닌지 나의 진심이 움직이는 일인지 살펴본다. 설령 그것은 상대방을 위한 일이라 할지라도 나의 마음속에 조금이라도 긍정적인 기분이 생길 순 없는지 가방 저 깊숙이 쏟아진 동전을 힘들게 꺼내는 것처럼 나의 느낌을 찾아본다.

말을 하고, 행동으로 나의 결정을 옮기는 것은 쉽지 않다. 프랑수아즈 질로가 피카소에게 헤어지자고 말하는 순간 왜 망설이지 않았겠는가. 보통의 사람들은 그렇지 못하다. 더욱이 긍정적인 이야기가 아닌 부정적인 반응이 예상되는 말을 전하는 것은 더욱 두려운 일이다.

프랑수아즈 질로는 가부장적인 피카소에게 늘 지적하고 자신의 의견을 꿋꿋이 이야기하는 여성이었지만 피카소와의 사이에서 두 아이를 낳은 그녀가 헤어짐을 결정했을 때 두려움이 없었을까? 사회적인 분위기. 사람들의 편견, 하지만 그녀는 자신을 위해 올바르다고 생각하는 것을 선택하고 행동으로 옮겼다. 그녀의 선택과 생각은 그대로 피카소에게 전해졌다.

상대방을 설득하려는 목적이 아닌 나의 생각을 최대한 불편하지 않게 내 입에서 꺼내고 행동으로 옮기려면 노력이 필요하다. 연습도 필요하다. 지금부터는 그런 당신을 위한 아주 친절한 안내서이다.

도망가거나
싸우거나
아무 말 못하거나

어떤 자극이 생겼을 때 우리의 반응이다. 도망가거나 싸우거나 아무 말 못하거나. 당연하다. 우리의 보호본능은 밖에서 자극이 왔을 때 스스로를 보호하려고 한다. 그렇기에 도망가고 싶고 그렇지 못하면 맞서 싸우려고 하거나 아님 어떻게 할 줄 모르는 부동의 상태가 되어버린다. 괜찮다.

우리가 본능적으로 이런 반응을 하기에 저런 상황을 맞닥뜨렸을 때 인지하는 것이 중요하다.

실행하기

사람과 사람 사이에 관계를 맺다 보면, 사사로운 일들도 서운한 감정들이 피어난다. 말하기엔 왠지 쩨쩨하다는 느낌이 들 때가 있다. 그런 것들을 감추거나 덮어 두지 않고, 이야기하는 방법이다. 이 역시 글로만 읽어서는 안 된다. 소리 내어 연습하는 시간이 필요하다.

살펴봤던 나의 느낌을 먼저 이야기한다. 이유는 사람의 감정이 곪아지면 쉽게 빠지는 감정이 '너 때문에 그렇다', '네가 이렇게 해서 내가 우울해지는 거잖아', '네가 잘해 줬으면 내가 잘해 줬을 텐데' 하는 변명에 빠져든다. 그럴 때일수록 내 감정에 대해서 이야기하려고 노력해야 한다. '네가 그런 이야기를 해서 내가 마음이 아프다', '나는 외로운 기분이 들어', '너'가 아니라 '내' 감정에 대해서만 이야기를 시작한다.

상대를 변화시킨다고 내가 괜찮아지는 것이 아니다. 나의 환경이 달라진다고 내가 다른 삶을 살 수 있는 것이 아니다. 이런 유혹에 빠지지 않기 위에 대화의 시작을 나의 감정으로 하는 것이 필요하다.

그럼에도 불구하고 상대의 변화를 원한다면
네 가지 원칙이 있다.

1. 충분히 그럴 수 있다고 생각(상상)하고 표현한다.
그 사람의 마음속으로 도약해 들어가야 한다. 상상해 주는 정성이 필요하다. 그것이 사실인지 평가와 판단은 지금 이 순간 중요한 것이 아니다.

2. '너 역시 잘한 게 있다'라고 먼저 언급해 준다.
네가 곁에 있어서 좋아. 늘 어떤 상황이든 좋은 점이 있다. (놀랍게도 4코너로 모든 문제들을 적용하면 장단점이 뚜렷하게 있

다. 특히 좋은 점이 모든 상황에서 다 발견할 수 있다는 것은 놀라운 사실이다)

'잘 찾아보면 그럼에도 불구하고 좋은 점이 한두 가지가 있다'라고 이야기한다.

   3. 객관적인 상황 설명으로 나의 느낌, 지금 내게 필요한 욕구 순으로 이야기를 정리한다.

   4. '그럼에도 불구하고 나는 이런 걸 바란다'고 결론지어 전달한다.

이야기를 꺼내는 시점도 중요하다. 상대방의 이야기를 담으려면, 나의 이야기를 담으려면 충분한 시간이 필요하다. 편한 상태였을 때 이야기해야 한다. 짜증나니 바로 해결해 버려야지 하면 안 된다. 나만의 표현 도구와 2초의 우아함이 행동과 말로 옮기기 전 꼭 필요한 이유다.

기억해야 할
것들

어찌할 수 없는 남녀의 차이

커플, 부부들이 지지고 볶고 하다가 결국 하게 되는 말.

여자: 소통이 안 되요.
남자: 내 마음을 몰라줘요.

문제의 형태는 달라도 본질은 결국
남자는 인정의 욕구가, 여자는 공감의 욕구가
충족되지 못해서 발생하는 문제.
이야기만 잘 들어 줘도 잘 했다고 한 마디만 말해 줘도
분위기가 달라지는데 그걸 모르는
남과 여의 어찌할 수 없는 차이.
그를, 그녀를 바꾸려 말고 있는 그대로 받아들이려 노력하기.

THINKING VS THOUGHT

우리가 흔히 습관처럼 생각한다고 말하는 '생각'은
THOUGHT.
과거의 경험을 바탕으로 머릿속에서 떠오르는
비난, 판단, 강요, THOUGHT는 이미 죽어 있는 사고.
살아 있는 지금 이 순간 내 머릿속을,
내 가슴을 스쳐 지나가는 생각은 THINKING.
있는 그대로를 알아차리는 삶
어떠한 비난도 강요도 하지 않는 삶을 위한 살아 있는 생각
THINKING.
바람이 분다. 비가 내린다. 사람이 웃는다. 내 마음이 기쁘다.
살아 있는 생각THINKIG을 하는 당신.

누구시더라

'네가 어떤 말을 할지, 무슨 행동을 할지 뻔히 알지.'
가까운 사이일수록 너무 잘 알아서 말이 안 통할 때,
그 뒤가 뻔히 다 읽히니 뭐라고 하면 내 입만 아픈 상황일 때,
아무 말도 하고 싶지 않을 때,
이럴 때 필요한 건 '누구, 누구시더라…'
처음 만난 사람처럼, 호기심으로 반응하기.
'지금부터 나는 이 사람에 대해
아무것도 알지 못한다고 백 번 외치기.
내일은 더 잘 할 수 있다고 마음 다잡기.

싸우거나 –도망가거나– 얼어붙는

이런 내가 너무 싫다.
자책하지 마요, 본능이에요.
몰라서 못하나요, 알면서도 안되니깐 그렇지.
다시 한번 되새겼으니
내일은 뛰어넘어 보기.

2초의 우아함

외부 자극에 대한 반응에는 시간,
의도적인 2초의 느림.
당신에게 깊이를 더해 주는 시간.

굳어 있는 껍데기를
서서히 녹여 주는 특효약

감사.
표현 안 하면 모른다.
감사하기.

가끔은 의도된 오버스러움

타인과의 관계 속에서 나를 발견하는 우리.
끊임없이 변화하는 우리.
우리는 말로 소통하지만
비언어적인 부분으로도 소통한다.
표정만으로도 진실, 진심을 더 잘 알고 느낄 수 있도록
의도적으로 과장해서 표현하기.

당신을
사 랑 해 요

Linda McCartney
린다 매카트니

린다 매카트니 Linda McCartney

오랜 시간 대중문화를 이끌어 온 잡지 〈롤링스톤즈Rolling
Stones〉의 커버에 사진을 장식한 최초의 여성 사진작가. 더 도
어즈The Doors에서 비틀즈The Beatles에 이르기까지 음악계
최고의 아이콘들의 진정성 있는 모습들을 포착한 사진 작가로
도 인정받았다. 그녀는 사진 작업뿐만 아니라 영화와 음악 작
업 등 다양한 예술분야에서 활동해 왔으며, 출판과 방송을 통
해 채식주의와 동물권리 보호에도 앞장섰다. 또한 사회에 착
한 메시지를 전달하여 시대의 새로운 여성상으로 주목받았다.

좋은 사진을 찍는다는 것은
본능적으로 느끼는 것이다.
바로 그 순간,
셔터를 누르기만 하면 된다.
기술적인 것들에 신경을 쓰다 보면,
정작 중요한 순간을 놓치게 된다.
**난 그저 나의 내면의
소리를 듣는다.**

그 순간 느껴지는 짜릿함,
나는 그것을 사랑한다.

내게 가장
소중한
순간

스마트폰 사진을 넘겨 보다가 울컥했다. 기분이 이상했다.

사진 속 아이들이 너무나 빨리 커 버렸다. 무엇이 그렇게 중요하다고 하루하루 아침에 눈떠서 학교 보내기 바빴고, 집에 돌아오면 씻고 먹고 숙제하고 재우기 바빴다. 사진을 보고 있으니 그 순간이 떠오른다. 맞아. 이랬었지…. 사진을 보면 다시금 떠오르는 소중한 순간들. 의도적으로 사진첩을 꺼내보지 않으면 아마도 떠올리기 힘든 순간들이다.

사진첩은 곧바로 타임머신으로 변한다. 짧은 시간 나의 과거와 현재에 대해 깊숙이 들여다본다. 나를 결혼하기 전 학창 시설로 데려가고 한참 방송을 하던 시절로도 데려간다. 지금 봐도 어색한 정장으로 갈아입고 분장실로 슬며시 들어가고 있는 이십 대의 내가 있다. 첫아이를 낳고 입원실로 올라와 내가 진짜 아이를 낳았나 정신차리기 힘들면서 신기해했던 장면에 나를 세워 둔다. 이제 이 타임머신은 중년의 나와 나의 남편의 모습과 성인이 된 아이들의 모습을 담아 낼 것이다.

누구에게나 그렇겠지만 내게도 언제나 기억하고 싶은 순간이 있다. 그리고 그 순간에 함께한 사람들이 있다.

운전석 옆자리에는 이별의 아픔에 펑펑 울다가 횡단보도 앞 광고판에 어이없게 웃어버린 동생이 앉아 있었고, 세상에 태어나서 처음으로 맛본 초콜릿에 마구잡이로 달려드는 동생에 어쩔 줄 몰라 당황하는 첫째의 얼굴도 있었다.

나와 함께한 이들은 내 곁에서 인생을 이해하는 데 결정적 역할을 한다. 나를 설득하고 이해하고, 내게 즐거움을 주고 가끔은 경고를 주기도 한다. 그들이 있기에 내가 있다. 지금 현재 나의 옆에 있는 다섯 명의 사람이, 최근에 읽은 다섯 권의 책이, 최근에 본 다섯 편의 영화가 현재 나의 평균값이라는 말처럼 그 사진에서는 나의 과거와 현재와 미래가 있다.

삶이 미스터리라면 온갖 수단을 동원해서라도 삶을 조명해볼 일이다. 삶의 의미라는 물음이 너무 덩치가 커서 다루기 곤란하다고 생각된다면 여러 이정표들로 나누어 살펴보는 방법이 아주 유용하다.

어린 시절, 청소년기, 이십 대, 삼십 대 같은 나이로 이루어진 이정표도 좋다. 어쩌면 가장 간단하고 쉬운 방법이다. 너무 심심한 방법 같다면, 기쁨, 슬픔, 행복 같은 감정의 이정표도 있다. 이런 감정의 이정표를 통해 나의 삶을 들여다보면, 그 순간 함께한 사람들과 사건들도 떠오를 것이다. 이렇듯 여러 이정표로 나누는 데 가장 좋은 방법은 찰나를 기록하고 기억하는 것이다.

그리고 이러한 나의 잊을 수 없는 기억 속에는 나만의 의미심장한 물건들이 또한 함께한다. 이 물건들을 보고 있으면 사랑하는 사람들과 언제나 떠올려도 가슴 뻐근한 이야기가 기억 속에서 살아나곤 한다.

할머니가 물려주신 멈춘 시계. 제 역할을 잊어 이제는 멈춰버린 시계다. 하지만 내게는 할머니와 나를 이어주는 세상 무엇보다 귀중한 물건이다.

할아버지가 물려주신 서류 가방을 보고 짐작하건데, 아마도 젊은 시절의 할아버지는 너무나 멋쟁이셨을 것이다. 이 서류가방 속에 할아버지는 무엇을 넣고 어디를 다니셨을까?

엄마의 사진들은 언제나 나를 추억에 젖게 한다. 핸드폰이 없던 시절, 카메라는 우리 집 귀중품 중 하나였다. 엄마의 처녀적 흑백사진부터 나와 내 동생이 등장하는 수많은 사진늘. 사진첩 보는 재미는 언제나 쏠쏠하다.

첫째의 배냇저고리를 보고 있으면 마음이 복잡미묘해진다. 엄마가 된다는 것은 마냥 기쁘기만 한 일은 아니었다. 내가 좋은 부모가 될 수 있을까 두려움과 불안함 또한 함께했다. 그럴 때마다 실과 바늘로 어설프게 만들었던 손때 탄 배냇저고리는 지금 봐도 어설프지만 사랑스럽다.

엄마가 시집오면서 가지고 왔던 피아노는 우리 집 큰 자산이었다. 레슨을 받으러 온 학생들로 우리 집은 늘 북적였고 어느새 우리 집 거실, 방에는 피아노 네 대가 꽉 차 있었다. 그 중 한 대가 우리 집에 어렵게 왔고, 이제는 어디서도 구할 수 없는 오래된 나무만이 만들어 낼 수 있는 깊고 맑은 소리를 내는 귀한 물건이 되었다.

시어머니의 갈색 코트는 창고를 정리하다가 우연히 발견했다. 과한 어깨선과 큼지막한 버튼 하나가 중앙에 박혀 있는 오버사이즈 코트는 내 마음에 쏙 들었다. 그걸 들추고 있으니 어머님께서는 남편 초등학교 입학식 때 입고 가셨던 옷이라고 하신다. 남편과 내가 이만큼 커서 어른이 되어 아이를 낳고 그 아이가 초등학교에 갈 정도로 세월은 흘렀지만 그 코트는 그대로였다. 심지어 오버사이즈 코트의 유행은 돌고 돌아 트렌드가 되었다.

거의 삼십 년 동안 나는 린다가
렌즈를 통해 본 것들,
사람들로부터 발견해 낸 것들을
지켜보는 특권을 누렸다.
예술적으로도, 심리적으로도,
그녀의 통찰력은 나를 끝없이 감탄시켰다.
그녀의 시선은 그녀 자체였고,
그녀의 카메라는
그 시선의 매개체였다.
린다의 사진은
영혼의 프린트와 다름없다.
그녀는 단순함 속에서
복합적인 면을 발견했는데,
그 발견은 대부분
크나큰 영감의 원천이었던
자연 안에서 이루어졌다.

폴 매카트니
PAUL MCCARTNEY

따뜻한 시선이 만드는
일상의 아름다움

린다 매카트니의 사진은 따뜻하다. 웃음짓게 한다.

옆에 사진을 잘 찍는 사람이 있으면 꼭 물어본다. '카메라 기종이 어떻게 돼요?' 카메라가 바뀌면 나도 사진을 저 사람처럼 잘 찍을 수 있겠다는 환상을 품는다. 착각이었다. 같은 기계라도 그 프레임에 담기는 사진은 확연히 다르다. 사진이야말로 누가 찍느냐가 매우 중요하다. 특히 린다처럼 일상 속 자연스러운 사진을 찍는 이들은 더욱 그렇다. 그 특별함에는 그 누구도 발견하지 못한 사소한 듯하면서도 우리 삶에 빠져서는 안될 것들이 담겨 있다. 그렇기에 우리는 사진을 통해 일상 속 자아를 발견하고 싶어 한다.

내가 가지고 있는 색이 무슨 색인지 알지 못하는 상태에서 아무리 색을 덧입혀 봤자 맑은 새로운 색을 만들어 낼 수 없어요. 섞을수록 계속해서 탁해질 뿐….

일상을 재발견하던 린다의 시선은 밖으로 향한다. 내가 아

닌 누군가를 편견 없이 '온전하게' 받아들일 수 있는 린다만의 시선이었다.

시간이 흐를수록 많은 이들을 만날수록 우리는 새롭게 보기가 어렵다. 참 어렵다. 누군가의 이야기에 정성들여 경청하고, 눈을 마주하며 집중을 하고, 진정한 관심을 쏟은 경험. 나이가 들수록 중요한 것은 '의도적인 실천'이다. 알면서도 하지 못하는 것 '온전한 관심'을 주었고, 그녀는 최고의 스타들에게 결정적 질문을 던지는 한 사람이 되었다.

린다는 당대 최고의 아티스트들의 이야기에 진심으로 귀를 기울였다. 자연스럽게 어떠한 편견도 가지지 않은 채 그들을 관찰했고, 움직임 속에서 영감을 찾아냈다. 또한 작업을 하는 아티스트 역시 린다의 정성과 툭 하고 던지는 질문들에 자신의 색을 다시 한 번 생각하는 의미 있는 계기가 되었다.

삶은 만남의 연속이다. 그 만남 속에는 나와 인연이 닿은 사람도, 서로를 흘려보내는 이들도 있다. 누가 더 낫고 훌륭해서가 아니라 서로를 받아들일 수 있는 화학반응이 일어나는 인연은 따로 있다. 억지로 붙잡거나 놓아 버리지 않아도 일어나는 반응. 나에게 결정적 질문을 해 줄 누군가를 만나기 위해, 나 또한 그런 사람이 되기 위해 오늘도 다짐한다.

나에게 울림이 있는 순간
그 순간을 '온전히' 받아들일 수 있는 '용기'
그 안에서 내가 배울 수 있는 한 가지를 찾는 '관심'
함께 있는 짧은 순간에도 '온전한 관심'을 보일 수 있는 린다 같은 여성이 되길 희망해 본다.

누군가는 부자가 되고 누구는 혼자 살게 되고 누군가는 큰 좌절을 겪으며 살고 누구는 너무 심심하다 싶을 정도로 평탄해 보인다. 사람의 운명이 다르다 하더라도 상대적일 수 없는 절대적인 기쁨과 슬픔, 평안과 좌절 등 비슷하게 겪어 가는 순간들이 있다. 사람 때문에 힘들기도 하고 사람에게 위로받기도 한다.

이 중에 내가 흘려보낼 건 흘려보내고 담아 둘 건 담아 둘 수 있는 능력이 있다면, 린다처럼 사랑스런 시선이었음 좋겠다. 사랑이 많았던 그녀가 자신의 재능을 자기 내면에만 머무

르게 하지 않고 자신의 시선과 렌즈를 통해 새롭게 그려낸 세
상을 사람들과 공유한 건 정말 대단한 일이었다. 물론 린다의
삶만이 정답은 아니다. 우리가 선택할 수 있는 그 수많은 길
중에서 그녀는 그저 자신이 원하는 길을 간 것뿐이다.

사랑하고
또 사랑하며

내 인생의 결정적 변화의 계기를 곰곰이 생각해 보면, 든든하게 응원해 주는 한 사람의 말에 힘을 내서 툴툴 털고 일어날 때다. 무조건적인 응원과 그리고 영감을 주는 옆의 단 한 사람.

린다 매카트니에게는 그녀를 전폭적으로 지원해 주고 고마워하는 폴 매카트니가 있었다.

사람들은 대부분 거창한 사람들을 통해 인생의 방향을 잡았다기보다는 처음에 잘 모르고 막연히 꿈꾸었던 것에 도전하다가 부딪히면서 그 뒤에 발견한 자신의 일과 자신에 대해서는 사소한 만남과 우연한 인연에서 찾게 되는 경우가 더 많다.

그리고 유독 사람들에게 그런 것들을 잘 찾아서 할 수 있도록 도와주는 의인들이 꼭 있고, 너무 힘든 순간에도 나를 붙잡아 주는 한 사람이 있다면 그는 다시 살아나게 될 수도 있다. 그 사람다움을 잘 발견해 주는 것. 나 역시 누군가에게 그런 사람. 그 단 한 사람이 되어 주면 된다.

Silly Love Songs _THE BEATLES
바보 같은 사랑 _비틀즈

You'd think that people would have had enough of silly love songs

I look around me and I see it isn't so

Some people want to fill the world with silly love songs

And what's wrong with that

I'd like to know

'Cause here I go again

I love you, I love you

I love you, I love you

I can't explain the feeling's plain to me, can't you see

Ah, she gave me more, she gave it all to me now can't you see

What's wrong with that

I need to know

'Cause here I go again

I love you, I love you

Love doesn't come in a minute

Sometimes it doesn't come at all

I only know that when I'm in it

It isn't silly, love isn't silly, love isn't silly at all

How can I tell you about my loved one

How can I tell you about my loved one

How can I tell you about my loved one

How can…

I love you, I love you

I love you

(I can't explain the feeling's plain to me, say can't you see)

I love you

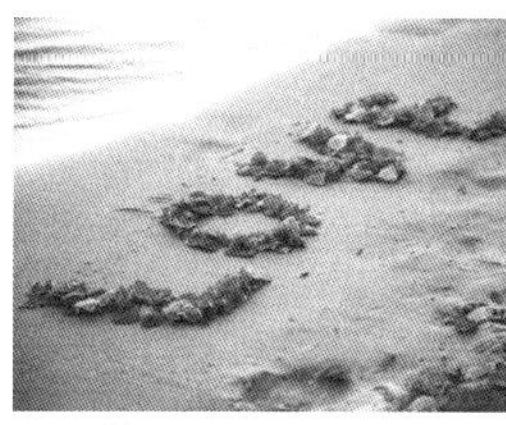

(Ah, he gave me all, he gave it all to me to me, say can't you see)
I love you
(I can't explain the feeling's plain to me, say can't you see)
I love you
(Ah, he gave me all, he gave it all to me to me, say can't you see)
I love you
(I can't explain the feeling's plain to me, say can't you see)
I love you
(Ah, he gave me all, he gave it all to me to me, say can't you see)
You'd think that people would have had enough of silly love
songs
I look around me and I see it isn't so, oh no
Some people want to fill the world with silly love songs
What's wrong with that

사람들은 바보 같은 사랑 노래를 하기에 충분하다고 당신은 생각하겠지요.
하지만 내 주위를 돌아보니 그렇지 않다는 것을 알았어요.
어떤 사람들은 이 세상을 그 바보 같은 사랑 노래들로 채우고 싶어한답니다.
그것이 뭐 잘못인가요.
여기에서 내가 다시 그렇게 하고 있기 때문에 알고 싶어요.
당신을 사랑해요. 당신을 사랑해요. 당신을 사랑해요.
그 감정은 나에게 너무도 솔직한 것이라는 것을 설명할 수는 없어요.
이제 당신은 알 수 있겠죠.
그녀는 나에게 더 많은 것을 주었고, 또 내게 모든 것을 주었지요.
이제 당신은 알 수 있겠죠. 그것이 뭐 잘못된 것인가요.
여기에서 내가 다시 그렇게 하고 있기 때문에 난 알 필요가 있어요.
당신을 사랑해요. 당신을 사랑해요.
사랑은 일순간에 찾아오는 것은 아니죠.
때때로 사랑은 전혀 찾아오지 않기도 해요.

하지만 내가 언제 그 사랑에 빠져 있는지 알아요.

그것은 바보 같지 않아요. 아니에요. 그것은 바보 같지 않아요.

사랑은 절대 바보 같지 않답니다.

당신을 사랑해요. 당신을 사랑해요.

그 감정은 내게 너무도 솔직한 것이라는 것을 설명할 수는 없어요.

이제 당신은 알고 있겠죠. 당신을 사랑해요.

그는 내게 많은 것을 주었고, 또 내게 모든 것을 주었지요.

이제 당신은 알 수 있겠지요. 당신을 사랑해요. 당신을 사랑해요.

— 이야기 팝송 여행

❖Mental Beauty 9
나를 응원해 줄 단 한 사람을 곁에 둘 것.

10

가장 따뜻한 사람

Mothers

세상의 모든 엄마

나도
한때는

  휴대폰 열에 한쪽 볼이 벌개졌다. 뚜뚜뚜… 배터리가 벌써 다 떨어졌다. 전화가 끊어질까봐 재빠르게 콘센트에 꽂혀 있는 충전기를 연결하고 어정쩡한 자세로 통화를 하고 있다. 방 밖에서 나의 모습을 재미있으면서도 어이없으신 듯 바라보신 엄마의 표정이 아직도 생생하다. 그게 연애였고 사랑이었고 지나간 추억이었다.

  시계를 거꾸로 돌린다. 다섯 살 무렵으로.

  안방 문갑 서랍의 립스틱을 죄다 꺼내서 입에 바르고, 옷장 문짝에 걸려 있는 실크 스카프를 목에 잔뜩 맸다. 신발장의 하이힐이 너무나 예뻐 보여 구두 위에 올라서며 뽐내듯 서 있었다. 엄마를 쏙 빼닮고 싶었다. 내 기억 속의 엄마는 엄청 컸다. 위대했다. 뭐든지 다 할 수 있는 어른이었다.

  지금 나는 그 당시 엄마와 나이가 같다.

  나는 정신적으로 하나도 성숙하지 않은 것 같은데 학교를 졸업하고 바쁘게 지내다가 일과 가정을 다 지키다 보니 숨가쁘게 달려온 것밖에 없는데 나에게는 두 아이들이 있다.

나는 아직도 아이 같은데…. 생각해 보면 내 눈에 제일 위대해 보였던 엄마도 그랬을까?

일찍 돌아가신 외할머니 생각이 많이 났을 것이다. 도움 줄 사람 하나 없이, 내가 지금 받고 있는 이 넘치는 도움과 관심 없이 나와 내 동생을 키운다는 것은 얼마나 힘들었을까?

신달자 시인이 이야기한 것처럼 어머니는 여성과 또 다른 이름이다.

어머니는 분명 여성이지만 여성이라는 규격 안에 어머니를 놓아 두면 그 자리가 모두 비좁아 보인다. 세상을 품고 있는 어머니. 모든 이들은 자신만의 이야기가 있다. 길거리에 지나가는 사람 아무나 앞에 앉혀놓고 살아온 이야기를 들으면 예외 없이 울게 되는 감동 스토리가 있다. 그리고 억울하고 화가 나고 당혹스러운 순간들, 세상 다 얻은 듯한 기쁨의 이야기도 함께 있는 법이다.

엄마도 나의 엄마가 아닌
세상을 향해 꿈을 가졌던 소녀였고, 여자였다.

살면서 했던 수많은 기도들

그 많은 기도에도 불구하고 삶은 선택과 어떻게 손쓸 겨를도 없이, 때로는 타의에 전적으로 내맡겨야 하는 순간들이 이어진다. 프리다 칼로처럼, 버지니아 울프처럼, 제인 오스틴처럼, 제인 버킨처럼 늘 고민하며. 우리 삶에는 기쁨, 행복, 고통, 감사가 있다. 나의 딸만큼 더 평안하고 무탈하게 살아가라고 기도하고, 바라며 딸들이 성장하는 것을 문득 문득 자신이 잘하고 있는 것일까? 자신으로 인해 아이의 미래에 어떤 영향을 줄지 늘 두렵기도 하고 불안하기도 했을 것이다.

'저의 기쁨과 슬픔을 수월하게 견딜 수 있는 그 힘을 저에게 주시옵소서.' 얼마나 많이 외웠을까. 랠프 웰도 에머슨의 시를 보며, 이러한 삶을 선물해 주고 싶었을 엄마가 이제야 하나둘씩 이해가 되기 시작했다.

성공

자주 그리고 많이 웃는 것

현명한 이에게 존경을 받고

아이들에게서 사랑을 받는 것

정직한 비평가의 찬사를 듣고

친구의 배반을 참아내는 것

아름다움을 식별할 줄 알며

다른 사람에게서 최선의 것을 발견하는 것

건강한 아이를 낳든

한 뙈기의 정원을 가꾸든

사회환경을 개선하든

자기가 태어나기 전보다

세상을 조금이라도 살기 좋은 곳으로 만들어 놓고 떠나는 것

자신이 한때 이곳에 살았음으로 해서

단 한 사람의 인생이라도 행복해지는 것

이것이 진정한 성공이다.

— 랠프 월도 에머슨 RALPH WALDO EMERSON

그녀들의 멘탈 뷰티

2017년 3월 30일 초판 1쇄 발행

지은이 | 도현영
펴낸이 | 이동은

편집 | 박현주

펴낸곳 | 버튼북스
출판등록 | 2015년 5월 28일(제2015-000040호)

주소 | 서울시 동작구 현충로 151, 109-201
전화 | 02-6052-2144
팩스 | 02-6082-2144

ⓒ 도현영, 2017
ISBN 979-11-87320-09-8 13320